エンカウンターで学級づくりスタートダッシュ！

編著　諸富祥彦・明里康弘・萩原美津枝
　　　平田元子・加瀬和子・高橋章

小学校編

図書文化

まえがき

なぜいま学級経営か
― 学級づくりはスタートが勝負 ―

諸富　祥彦

「学級経営がむずかしくなってきた」学級崩壊の嵐は、いまでも多くの学校で吹き荒れています。また「崩壊」とまではいかないとしても、数人の核となる子どもたちによってクラス全体をかき回されてしまい、その対応に日々クタクタになってしまっている教師も少なくありません。

私がスクールカウンセラーをしているある中学校でも、四～五月になると、多くの子どもたちが新しいクラスに対する苦情を伝えにやってきます。

「私たちのクラス最低。特に担任はハズレ。△組はいいなあー。△組にかわりたい」。こんな声で、カウンセリングルームがいっぱいになります。

むろん「教師の援軍」として学校に入っている私は、子どもたちをなだめます。しかし、一学期の最初に生じた教師と子どもとの関係のねじれを修正するのは、なかなかむずかしく、二学期になり三学期になっても、その後遺症に手を焼く場合が少なくないのです。

私は「教師を支える会」の代表として、学級経営で悩み苦しむ多くの教師の声に耳を傾けてきました。なかには「崩壊」とレッテルを貼られてもおかしくないような混乱のうずに、巻き込まれたケースも少なくありません。

そして、そうしたケースの多くは、一学期、特に四～五月の学級びらきの時期に生じた教師と子どもの関係のねじれが引き金となって、二学期に爆発し、地獄の苦しみを味わうはめになったものなのです。

こんな体験から私は、教師の方を対象とした学級づくりの研修会で全国を回りながら、ことあるたびに次のように申し上げています。

「学級づくりは四～五月が勝負です！　この時期の関係づくりしだいで、二～三学期にどんなクラスになるかは半ば決まってしまいますよ。この時期におすすめなのが、構成的グループエンカウンターです。じわーっと効いてきて、その効果が二～三学期に出てくるはずです」

本書は、その学級びらきの時期である四～五月に、どのようなエクササイズをどう行っていけばいいか、具体的なプランを練る際におおいに指針となるはずです。スタートダッシュにエンカウンターのエクササイズを効果的に用いることで、バラバラでもなく、ただ単にまとまっているというだけでもない〈個が生きるつながり〉のあるクラスをつくってください。

ピカピカの一年生、入学前からランドセルを背負い、学校をとても楽しみにしています。また、進級でクラス替えがある子どもも、進級のみで友達も先生も変わらない子どもも、新学期をワクワクしながら待ち、何かを期待しています。楽しいことだけでなく勉強もスポーツも、いろいろなことをがんばりたいと思っています。そんな様子は、新学期に書いた作文によく表れています。
教師も、新しい学年・学級でがんばろうと意欲を燃やしています。聞くと、まとまりのある学級、きちんとした学級にしたいという言葉が返ってきます。比べてみると、子どもと教師の「はじめの気持ち」にはちょっとズレがあります。もっともです。でもどちらも大事です。どちらも大切にしたいと思います。
私たち教師は、ともすればいままでの経験で、学級経営や子どもとのかかわりを進めようとします。ある意味では当然のことです。しかしいまの時代、ベテラン教師の学級で「学級崩壊」が起きたり、低学年でも不登校が増加したり、突然キレる子が出るなど、子どもたちが変わってきていることがわかります。幼稚園教育も大きく変わりました。それなのに、教師の対応だけがいままでどおりでいいわけがありません。

この本を作った願い

「はじめの気持ち」を大切にしたスタートダッシュを！

明里　康弘

子どもも教師も、「はじめの気持ち」を持続させようと思っています。そんな気持ちを応援し、実際どのように学級経営をしていったらよいのか、具体的な方法を示したのが本書です。形も大切ですが、「気持ち」、つまり「感情」を大切にしたのがこの本なのです。
子どもは、安心して学級の中にいたいと思っています。ですから、学級という集団は「より少ない防衛心・より高い安心感」からスタートする必要があります。そして本書では、集団の教育力を活用して、一人一人を大切にしながら個を育てていきます。その方法が、構成的グループエンカウンターの中にたくさん入っています。
この本は、現場の教師が実践して感じたことを書いています。こんな思いでやったのに、こんな失敗をしてしまったという例も載せました。基本的な考え方は、千葉大学助教授・諸富祥彦の指導を仰ぎながら、私たち「ちばエンカウンターを学ぶ会」が中心となり、研修会を通してまとめたものです。
二〇〇二年から、学校五日制、総合的な学習の時間等が導入された新学習指導要領がスタート。新学期に、ぜひ活用していただけたら、大変うれしく思います。

CONTENTS

まえがき 2

この本を作った願い 3

第1章 いま必要な学級づくりとは何か 9

うまいスタート・つまずいたスタート ～初めて出会う子どもたちと新しい気持ちで～ 10

子どもも先生も安心できる学校に 校長が願うスタートダッシュとは 12

いいスタートダッシュをきるには ～学級づくりにおける六つのねらい～ 13

新しい学級経営への願い ～個が生きるつながり、つながりの中の個～ 16

学級経営にエンカウンターを生かす ～子どもと教師が共に成長する学級へ～ 18

●コラム 私の見たいいクラス・つまずいたクラス 20

第2章 学級づくりの準備 21

スタートダッシュのための準備運動 22

最初の1週間であれ？ と思ったら 26

学年・学校体制づくりのヒント「自分の学級だけは…」で、大丈夫? 30

●コラム 新しい学級づくりの哲学 個が生きるつながり 32

第3章　学年別スタートダッシュプログラム 33

低学年　こんな時期ここに注意　これをねらってこれを！ 34
中学年　こんな時期ここに注意　これをねらってこれを！ 38
高学年　こんな時期ここに注意　これをねらってこれを！ 42

● コラム　学級づくりにとっての構成的グループエンカウンター 46

第4章　いますぐできるスタートダッシュ 47

☆4月前半　出会いを大切に 48

君たちの担任になれてとってもうれしいです 50
たくさんの友達と話してみよう 52
いろいろな相手とグループになろう 54
みんなの名前を覚えよう 56
いっぱい質問して仲よくなろう 58
ビンゴで楽しく友達を知ろう 60
運命の人といちばんの仲よしになろう 62
来てよかった！　自由に語り合える保護者会 64
係決めは子ども会社づくりだよ 66
活動の成果をたたえる掲示物作り 68
健康診断から自分の体を見つめてみよう 70
まずは朝のあいさつから 72
給食は一緒に食べる喜びも味わおう 74
恥ずかしさや照れを乗り越える授業 75

☆4月後半　だれとでも仲よく 78

「名刺交換」でよろしくね！ 80
みんなで楽しく歌って踊ろう 82
みんなと挑戦「ジャンケンおんぷ」 86
「こおりおに」で助け合おう 88
インタビューで友達新発見！ 90
自分の意見をたくさん言ってみよう 92
力を合わせて「聖徳太子ゲーム」 94
協力したらできたね 96
「サバンナの子どもライオン」になってみよう 98

● コラム　学級経営のためのカウンセリングとは 49
● 解説　ふれあいづくりの基本技法
　　　　〜シェアリングと振り返り用紙〜 76

☆5月前半　学級の友達を知ろう 100

「木とリス」でもう一度友達発見 もっとあるよ！みんなのいいところ 102

「お休みの日の秘密」を話そう 104

自分と同じ仲間を探そう 106

お隣さんをどれくらい知っているかな 108

いままでありがとう 席が替わってもよろしくね 110

「サッカージャンケン」をみんなで楽しもう 112

運動会はみんなで心の応援団に 114

席替えでみんなと仲よくなろう 116

家庭訪問では保護者との人間関係づくり 118

120

☆5月後半　お互いを認め合おう 122

「今日のMVP」で友達のよいところに気づこう 124

同じっていいね　でも違うもいいね 126

「アドジャン」で楽しく語ろう 128

友達によいところを伝えてあげよう 130

話を最後までよく聞き合おう 132

グループの仲間一人一人の活躍を大切にしよう 135

みんなのことを知っているかな当たるかな 138

新しい発見をしてもっと仲よくなろう 140

運動会でのがんばりをみんなのものに 142

男性・女性のよさを再発見しよう 144

第5章　本プログラムを生かした実践記録 147

1年生　子どもの心を見逃さないように 148

2年生　「今日も来てよかった！」笑顔あふれる学級づくり 150

3年生　次へつなげるスタートダッシュ！ 152

4年生　意図的・計画的に続けることが子どもたちを育てる 154

5年生　案ずるよりもまずは実践 156

6年生　上級生としての姿と不安な気持ち 158

あとがき 160

ちばエンカウンターを学ぶ会と教師を支える会の紹介 161

学級づくりに生かすエンカウンター・カウンセリングの本 162

chapter 1

第1章

いま必要な学級づくりとは何か

うまいスタート・つまずいたスタート
　　　～初めて出会う子どもたちと新しい気持ちで～

子どもも先生も安心できる学校に
　　　～校長が願うスタートダッシュとは～

いいスタートダッシュをきるには
　　　～学級づくりにおける六つのねらい～

新しい学級経営への願い
　　　～個が生きるつながり，つながりの中の個～

学級経営にエンカウンターを生かす
　　　～子どもと教師が共に成長する学級へ～

「うまいスタート・つまずいたスタート」

初めて出会う子どもたちと新しい気持ちで

子どもが変わればスタートも変わる

「スタートはいままでと同じでいいだろう。五年生を受けもつのは三度目だし、二年前に五年生を受けもったときはうまくいったのだから」。

十数年前の始業式のことでした。このときのクラスは、一度目のときの子どもとだいたい関係も多く、子どもたちとも保護者とも知り合っていたので、このように気楽に考えてしまったのです。

こうしてスタートしたそのクラスでは、学級をかき乱す子を抑えることに腐心し、これはと思う子をリーダーにすえました。一方で私はだじゃれを言い続け、子どもたちとかけ合い漫才をしながら、以前と同じような調子で四月、五月と忙しく過ごしていきました。

六月になって、クラスを振り返ってみました。決まりは守るが、何をしてもものりが悪い。教師にいちいち許可を求める。係活動・学級活動など、やる子はやるが、協力するのは一部の子だけで、話を聞かない子がいる。そればかりか人の足を引っ張るような発言があるる。しかると静まるが長続きしない。二年前のように、クラスを結束させる力のあるリーダーがいない。「こんなバラバラの状態はまずい」と、二年前にうまくいったゲームを行うが、そのときは楽しそうにやるけれど日常的な遊びや友達同士のつながりに発展しない。そんな沈滞したクラスになっていたので、教師中心で子ども同士の人間関係が希薄なクラスにしてしまった、そう反省しましたが、解決方法もわからないまま過ごしてしまいました。

エクササイズで気持ちをひとつに

私は次のように反省しました。

・前とは子どもが違うのに、スタートを「同じ」と考えたことで誤ってしまった。
・初めに「嫌い」と言って子どもたちや自分の心のあり方について悪影響を与えた。
・場当たり的に人間関係のあり方を説いても効果が薄かった。
・子どもの成長は教師が主導するものと信

はなかった。これはいかん」と思い、怒声で一喝しました。そして、「私は、こんなクラスは嫌いです。学校は勉強をするところだから、間違えてもいいが、人の話は聞かなければいけない」と、一方的に、どんな学級にしたいかを伝えたのでした。

私はだじゃれを言う子をリーダーに、このときはと思う子を五月と忙しく過ごしていきました。「まずは、どんなクラスにしたいか子どもに聞き、自分のメッセージを伝え、クラスの方針を話す。四月・五月は、ビシッと締めて、先生の話を聞かせるようにする。そして、守らなければならない約束事はきちんと守らせる」。そんなことを考えながら、新しいクラスに入っていきました。ところが話し始めようとすると、なんだかざわついています。「いままではこんなこと

第1章　いま必要な学級づくりとは何か

じ、子ども自身の能力にさほど期待せず、その意味で子どもを大事にしていなかった。
・集団の秩序を守ることばかり重視して、さまざまな個性を真に認めていなかった。
・教師主導で学級運営を行い、子どもの真の主体性を育てていなかった。
・子どもの自己認知力や他者理解力を、高めていなかった。
・その結果、教師と子ども、子ども同士の人間関係を、希薄にしてしまった。

 とはいえ、子どもたちはゲームをしているときは実に楽しそうで、仲よくひとつになっていました。そこでゲームを日常的にやることが学級経営に役立つならば、考えるようになってきたのです。そんなとき出会ったのが、構成的グループエンカウンターでした。
 次に受けもった三年生のクラスでは、出会いから大切にしようと思いました。教室に入ると、子どもたちの期待の視線と、不安な顔がごちゃ混ぜです。今回は「話を聞きなさい」と一喝するのではなく、話を聞きたくなるような活動（「心をつなぐキャッチボール」）を、初めての顔合わせに生かしました。そこで交わされるキャッチボールに、子どもたちは集中します。最後に「よろしく」とボールを投げると、「よろしく」と、ひとつになった大きな声で返してくれました。翌日、もう子どもたちは親しみを込めて近づいてきました。

 四月は、朝の会や帰りの会を利用して、特に人間関係づくりのショートエクササイズを活用しました。各種のジャンケンゲームは子どもたちの気持ちを集中させます。リーダーの言うことを聞くようにしたり、ふれあったりするなど、ねらいにそってやり方が工夫できます。自己紹介や一分間スピーチのエクササイズでは、一人一人が達成感と自分を表現して認められる喜びを味わうことができます。

早い時期なら関係改善もスムーズ

 K君は、集団活動に参加せず、友達とトラブルを起こすことの多い子でした。みんなと同じことをするのはばからしい、プライドが許さないといった様子でした。周囲の子も怖がっているところがありました。このとき私は、K君を集団の流れに無理に連れ込むより、集団の中にK君を自然に入れてしまうほうがいいのではないかと考えました。
 五月、四つの選択肢から自分の好きなものを選び、集まって話し合う活動（「四つの窓」）をやったときのことです。このときはK君も参加していました。振り返りで、何人かの子から「K君は、面白いことを考えている」「K君に、私の気づかないようなことを教わった」といった感想が出されました。それ以来、K君はみんなと同じように仲間の輪に加わるようになりました。遊びに誘われたり、得意な絵も認められるようになりました。そして徐々にではありますが、トラブルも減ってきました。クラス替え直後でK君との関係が流動的であったことも、うまくいった要因の一つだと思います。
 このクラスは、とても活気のあるクラスになりました。いくつか行った人間関係づくりと心の発達を促す活動を通して、自分を表現することができるようになったからだと思います。気の弱い子がすすんで学年発表の代表になり、掃除や係活動でも、いろいろ工夫して行うようになりました。
 その後私は、クラス替えのたびに、同様の活動を取り入れています。同様といっても、冒頭の話と違うのは、その年によって子どもの見方、関係のもち方がまったく異なることです。相手の話を聞いて互いを認め合うこと、相手を尊重しながら一緒に活動できることの喜びや一人でいるときと異なる楽しさなどを味わわせることを大切にしたいと思います。

　　　　　　　　　　　　　　高橋　章

校長が願うスタートダッシュとは

子どもも先生も安心できる学校に

千葉市立桜木小学校校長
深山　寛

年度始めは「今年はこんなことに努力しよう」とか「こんな目標をもって生活しよう」などと前向きに考えて出発したいものです。けれども、教師にしろ児童にしろ、必ずしもそう思うとはかぎりません。「ああ、また学校が始まるのか」という気持ちの教師や子どもがいることも事実です。そのような人も含めたすべての人が学校の構成員ですから、そのような全員が満足できる場や教育活動にしたいと考えています。

ふだん大人（親や教師）の口からよく出る言葉に、「早く」「急いで」というのがあります。ゆったりした環境で育った人にはとてもつらく響きます。まして春休みにゆっくりし、まだ新学年に慣れていない子どもにとっては、やたらと忙しい生活が始まるのですから、不適応を起こすようなことがあってもあたりまえなのかもしれません。このような状況を考え、私は次のようなスタートをきるようにしています。

1　学校の生活に慣れるまで（軌道に乗るまで）はゆったりと進めよう

年度始めは学級づくりのためにやるべきことが多いが、急ぐあまり学校嫌いや不適応を起こしたのでは、後の一年間が大変になる。それよりも子どもたち全員の生活を軌道に乗せたほうが、後の学級経営に無理がない。

2　子どもの気持ちや心の訴えを聴こう

新学期に希望や期待をもっている子、新学年に人間関係で悩んでいる子、新学年のスタートが自分の気持ちとうまく合っていない子など、どの子も自分の気持ちを担任に聞いてもらいたいと感じている。本人から話しかけてきたときはもちろん、計画的に話し合う（相談）時間を確保することが大切。

3　学級の人間関係づくりに力を入れる

一年間、生活や学習を共にする集団なので、友好的な人間関係を築きたい。ここでいう友好的とは、すべての人と仲よくということではなく、一人一人の考え方や人柄などが理解され、尊重されるということである。そのためには、計画的にエンカウンターなどの手法を取り入れ、人間関係づくりをすることが大切になってくる。

4　教師の対応、特に「言葉」に留意する

年度始めは子どもが緊張しているし、新しい担任のこともよく理解していない。教師が考えている以上に子どもは一つ一つの「言葉」に敏感で、特に低学年は「しかられる」ことに不安をもっている。意図が伝わるよう「言葉」を吟味し、やさしさやおおらかさが伝わるようにすると子どもは安心できる。

以上、校長として年度始めに職員に特にお願いしていることですが、実は、校長などの管理職が教職員と接する際にも、通じることだと思っています。

学級づくりにおける六つのねらい

いいスタートダッシュをきるには

1 先生と仲よく

四月。桜の花の咲くころに始業式、入学式が行われ、子どもたちはどんな先生が担任になるのか、どんな友達がいるのかと、期待と不安の入り交じった気持ちでいます。

最初に子どもたちは、先生のことがとても気になります。同様に教師も春休み中から、新学年の「出会い」をどのようにしようかといろいろ考えています。始業式の担任発表の後、教室での第一声が明暗の分けどころとなります。

まずは笑顔いっぱいで、クラスのみんなと会うのを楽しみに待っていたことを話しましょう。先生の笑顔は、不安な気持ちの子どもたちにとってホッとするものです。また、アクションも大切です。一人一人とにこやかに「よろしくね の握手」をするのは効果的です。そして、どのようなクラスにしていきたいかを、子どもの進級した喜びを失わせないように話せるといいと思います。ここで子どもたちの心をしっかりつかみます。

そして教師と子ども、子ども同士の心の絆（リレーション）づくりを大切にするために、自己紹介を楽しく行います。子どもたちが「いつもと違うな」「楽しそう」という印象をもつことができたら大成功です。

自己紹介は、いろいろな方法がありますが、ゲーム性があり一人一人が参加できるものにすると、楽しく教師や友達のことを理解することができます。ジャンケンを使ったゲームや「先生の好きなものビンゴ」などは、何度でも実施できます。中・高学年では、「自分のことビンゴ」も楽しくできます。

子どもたちは不安な気持ちが強いものです。学級びらきの時期に、教師に対して「どんなことでも受け入れてくれそうだ」「何を話しても大丈夫そうだ」といった印象を抱くことができれば、安心感をもつことができます。

2 楽しい学級生活のためのルール

楽しい学級とはどのような学級でしょう？　一人一人の児童が、「自分の居場所がある」と感じられる学級ではないでしょうか。そのためには、一人一人が「気持ちがよい」「楽しい」と感じられる雰囲気が大事です。

まず席替えですが、くじ引きにしろ、好きな場所に座る方法にしろ、隣同士お互いに対面するときは「よろしくねの握手」ができるといいでしょう。「握手するのはあたりまえ」の気持ちで助言すれば、そういう流れで進んでいきます。それでも握手に抵抗のある子は、会釈でもいいでしょう。隣になった子は、気持ちがいいと思います。

また、いろいろな係決めや生活のルール決めは、時間がかかってもみんなで話し合うことが大切だと思います。「みんなが気持ちよく学級で生活するために最小限必要なもの」

というルールの意義を、一人一人が理解して取り組めるとよいと思います。

特にクラス替えの後は、給食の方法にしろ掃除のやり方にしろ、前のクラスと微妙に違うところがあるので、子どもたちの納得のいくよう話し合いをさせるといいでしょう。このとき気をつけることは、発言権の強い子に弱い子が押し切られないようにすることです。それが正当性のあるものならよいのですが、自分たちに都合のよいものにしてしまうときは助言が必要です。また、いつも全員で話し合うのではなく、四人ほどの小グループで話し合うのもよい方法です。お互いの思いや考えが言いやすく、少人数なので友達の思いや考えをしっかりきく取られていれば、一人一人がやる気をもって係や当番活動ができるはずです。

3 友達と仲よく

新学級で新しい友達を知ることはとても大事なことですが、いまの子どもたちは、友達との関係づくりが上手とはいえません。うまくコミュニケーションがとれないということは、自分の思いや考えを相手に十分伝えられなかったり、相手からの働きかけにうまくこたえられないということです。自分の思いや

考えを相手に押しつけてしまったり、反対に心を閉ざしてしまったりすると、学級の中で拒否されたり無視されたりと、孤立的になってしまう恐れがあります。

そこで、体験的な人間関係づくりの活動を積極的に実施しましょう。初めはゲーム的な要素が強く、体を動かすもの、ルールのもとに活動する楽しさを体験できるものがよいと思います。

やはりジャンケンを使った活動は、どの学年で実施しても子どもたちがすぐにのることができます。低学年では、先生とジャンケンするだけで楽しくなってくる子が多いはずです。「ジャンケン列車」「質問ジャンケン」「サッカージャンケン」は、ジャンケンゲームにトークを加えることで、友達の思いや考えを直接知ることができます。「四つの窓」や「サイコロトーキング」を生かせば、友達の思いや考えを理解するのに有効です。

「〇〇君のいいところ見つけた」「△△さんと仲よくなりたいな」と思ってくれたらしめたもの。友達と仲よくなると、楽しい学校生活が送れるようになります。

4 聞く・話す

友達の話を聞く、自分のことを話すということは、友達とコミュニケーションをとるために必要なことです。

なかでも人の話を聞くという行為は、実は受身的ではなく、かなり能動的だといえます。自分のことは話せても人の話を聞くのは苦手、という子はけっこう多いものです。話が聞けるということは、相手の気持ちや考えが理解できるということであり、相手に関心をもっているということを伝えられるということでもあるので、人間関係の形成に役立ちます。

そこで、「ソーシャルスキル」の視点で、上手な聞き方の練習をさせるのも一つの方法です。話を聞くということは、相手を受容することであり、相手に満足感を与えることができるということです。

学年始めの新しい集団での出会いのときに、どのように話を聞いてもらえば自分が気持ちよく話せるのかを、ロールプレイで体験すると効果的です。よい聞かれ方は心地よいという体験ができたなら、聞くことの大切さを実感できるでしょう。

話を聞いてもらえるという安心感が、居心地のよさになり、「なんでも安心して話せる」自分の居場所のあるクラスになります。そしてお互いに聞き合うことがうまくできるようになれば、話を聞いてもらえてうれしかった、という体験が自己肯定感につながり、さらに友達理解にもつながります。

第1章　いま必要な学級づくりとは何か

5　気になる子への配慮

子どもたちの顔を見ながら話をしていると、前担任から引継ぐときに、何人かの子どもについて不登校気味だった、いじめられやすい、などと話していた言葉がよぎります。また、笑顔のない子、一人でぽつんといる子、忘れ物の多い子、反抗的な子、友達に暴言や暴力をふるう子など、しだいに気になる子が見えてきます。教師が「気になる」と思う子の背景には、家庭の問題や教師不信などいろいろなことが考えられます。まずその子をよく観察し、何が問題かを見きわめましょう。

そういう子どもがクラスにいるときは、少しでも早く学級の子ども同士にいい人間関係を築くことに努めます。おとなしくて楽しいところがうまくいけば、学級は居心地がよくないところになります。とけこめない子がいる場合にクラスにうちとけられない子がいる場合には、その子にかかわらなければ進められないように仕込んだ集団活動をやってみます（「探偵ごっこ」など）。このように友達や教師とのかかわりのなかで問題が解決しそうなときは、エンカウンターを生かした集団活動が特効薬になるでしょう。

しかし、家庭との関係で解決すべき問題の場合は、家庭訪問などの関係を早めにして、保護者と上手にかかわることが大事です。保護者同士が仲よくなるためには、エンカウンターを、ぜひ行うとよいでしょう。

また、けんかっ早い、落ち着きがない、動作が遅いなど、気になる様子がはっきり表に出ている子は対処しやすいのですが、行儀がよく、おとなしく、いろいろなことをそつなくこなす半面、自分のことを表現できなかったり、無関心・無気力だったりする子はつい見落としがちになってしまいます。そこで、毎日どの子にも同じように声をかけることができたか、チェックしていくとよいでしょう。また行動記録をとって一人一人に目を向け、よいところや課題を把握していくことも大切です。児童一人一人の理解に努め、学校生活の楽しさと意欲を高めていきましょう。

6　自分発見・友達発見

四月は木々が芽吹いて、何もかもが新鮮なときです。新しい学年になり、どの子どもたちも「今年はがんばろう」という気持ちをもっています。子どもたちが「がんばろう」という気持ちのときに、がんばろうとしている自分に気づかせてやることが大切です。クラス替えの後、初めて友達と出会うときにひと工夫ある自己紹介を行うと、進級の喜びをさらに感じることができます。あいさつゲームや質問ジャンケンなどは、多くの子どもとジャンケンをしたり話をしたりするので、新しい環境で不安に思っている子どもたちに早く仲間意識を育てることができ、友達発見にもなります。また、もち上がりのクラスを新鮮な気持ちでスタートさせたいときは、新しい学年でがんばりたいことを話す活動を行うと（「アドジャン」「四つの窓」「サイコロトーキング」など）、自分だけでなく友達も同じ気持ちでいることがわかります。

また、友達から「○○さんは△△を一生懸命やると言ってよいと思います」「○○さんは△△をがんばるとはすごいです」などと認めてもらうと、自分発見だけでなく、「□□さんはやさしいな」とか、「□□さんも△△をがんばるんだな」などと、友達発見にもつながります。新しい学年でがんばる自分を発見し、うれしい気持ちになると、それは自己肯定感にもつながり、学校生活全般に意欲的に取り組むことができます。

自分が認められるようになり、「○○さんのことも肯定的に認められるようになり、「○○さんと仲よくなれそうだ」と友達との心のつながりができると、友達との関係がよくなります。友達との心のつながりができることで、自分に気づかせてやることで、さらに自分を好きになり、友達を好きになることができるようになるのです。

平田　元子

新しい学級経営への願い

個が生きるつながり、つながりの中の個

問題点は新しい学級経営の出発点

数年前、中学一年生を担任したとき、「今年のクラスは最後までうまくいかなかった」と感じたことがありました。何か問題があったわけではなく、無難に終えられたと思います。ただ、一年の終わりに際して担任としてなんら感慨もなく、淡々としていたのです。たぶん生徒も同様で、その表れとして最後の学活終了後、生徒は教室からサーッといなくなりました。この後、おおいに反省し、自分なりにいくつかの問題点をあげてみました。

1 形から入ってしまった

「カウンセリング」を勉強していて、その大切さを感じていたため、エンカウンターや定期的な個別面接を行いました。けれどもよく振り返ってみると、それが単に「行った」というだけで、この時期にはこれが必要だからこれを行う、という「意図」や「ねらい」があいまいだったことに気がつきました。形から入り、実際に子どもの実態を把握してはいなかったのです。

2 信頼関係ではなく信用関係になっていた

子どもを「認める」大切さは十分わかっていましたが、その「認め方」が、「これができたら」「これが守れたら」といった制限つきの「信用」であり、無条件の「信頼」ではありませんでした。信用は一方的な見方で、信頼は相互作用です。信頼関係をめざさなければ、意味がなかったのです。

3 ふれあいがいつしか指導になっていた

休み時間、子どもと少しでも会話がしたいと教室に残っていました。けれどもいつしか「この髪どうにかならないか」「最近、遅刻が多いな、しっかりしろよ」という指導になっていたのです。それでもこの生徒は最後までシラケていました。いま思えば生徒は「休み時間

4 指示に従わないとき対決していた

どんなときも子どもの話をよく聞き、受けとめてから指導する大切さは理解していました。にもかかわらず、生徒が指示に従わないと、「自分が傷つけられた」という感情が前面に出て、「先生の言うことが素直に聞けないのか」とばかりに教師の権力を振りかざした指導（ケンカ）をしていたのです。

5 行事に燃えた、でも燃えていたのはだれ？

行事で一人一人の生徒や学級集団を高められることは十分わかっていたので、担任が中心になって推し進めました。けれどもシラケた生徒がいて、「何でみんなと協力できないのか」と訴え続けたのです。それでもこの生徒は最後までシラケていました。いま思えばこの生徒は「先生のための〈行事〉」になっていて、担任の

これを行う、という「意図」や「ねらい」があいまいだったことに気がつきました。形から入り、実際に子どもの実態を把握してはいなかったのです。

くらい自由にさせてよ、先生は職員室に帰って」となります。

ことが嫌いな子は「協力できない」と思っていたのです。当然のことです。

新しい学級経営の三本柱

価値観が多様化し、子どもたちの扱いがむずかしくなったといわれます。学級崩壊・不登校・いじめや暴力など、学校現場では多くの問題を抱え、いままでの手法や原理では解決できない、通用しない状況になっています。そんないまこそ、教師の取組みを変えるときなのです。カウンセリングが脚光をあびている現在、学校現場に合った新しい学級経営の柱を、本書なりに提案します。

1 個を生かす、違いを認め、尊厳を守る

子どもたちには身体面や能力面などでそれぞれに違いがあり、それが歪んだ形で「いじめ」や「言葉の暴力」に発展してしまうことがあります。教師は、「みんな違っていいんだ」「違ってあたりまえなんだ」という前提をはっきりと子どもたちに示し、違いを肯定的にクラスに反映できるよう働きかけます(働きかけの手法としてエンカウンターを)。そして違いを知ったうえで、互いのよさを認める活動を行います。「○○君は運動会で活躍した」「△△さんはピアノ伴奏がうまい」「□□さんはいつもまじめに清掃をしている」など、自分と違う長所や短所に互いに気づき、認める雰囲気をクラス内で育てます。

2 個が生きるつながり、つながりの中の個

諸富祥彦は「個が生きるつながり、つながりの中の個」を提唱しています(『学校現場で使えるカウンセリングテクニック』誠信書房)。「個は共同体の中ではじめて個でありうるし、個が生かされない共同体など真の意味での共同体ではない」と指摘しています。つまり、個も集団も共に生きる学級経営をめざすということなのです。

学級において個が生きるとは、仲間や教師に「認められ」、クラスに自分の居場所があって、そんな姿を想定しています。つながりの中の個とは「集団への貢献を通して個がその個性を発揮する」ということです。行事のときやクラスで問題が生じたときに、初めから結論があるのではなく、一人一人がそれぞれ自己の考えや意見をもち、それを集約して集団としての目標や方向性、解決策などをつくり上げ、決まった事柄に向かって一人一人が役割を遂行していく、そんな姿なのです(エンカウンター形式の話し合いを活用する)。

3 対話による関係づくり

「個が生きるつながり、つながりの中の個」を実現するためには、担任と子どもが常に対話をしながら、クラスをつくり上げる姿勢が必要です。教師は子どもへの自己開示を心がけます。それは教師の自慢話や説教ではなく、「先生はこう思う・感じる」などの思いや感じ方を、子どもが判断できるように伝えることなのです。また、子どもの話を聞いて、受け入れることも大切です。子どものつぶやきに耳を傾け、いま何を思っているのか、何を感じているのかを受けとめ、いつでも話ができる雰囲気をつくります。それが、「対話」による関係づくりということなのです。

学級経営をサポートする手法

エンカウンターやグループワーク、アサーショントレーニングなど、学級経営にカウンセリング機能を生かす取組みは、いままでの発想では通用しない現状を、解決できる可能性をもっています。しかし、ただそれらを使えばすべてうまくいくというわけではないのです。使う側の姿勢と、子どもたちの状況に合わせた使い方ができるか、ということが問題なのです。両面が一致してはじめてその効果が表れます。そこには「新しい学級経営」の姿が見えてきます。

植草 伸之

学級経営にエンカウンターを生かす

子どもと教師が共に成長する学級へ

エンカウンターブーム？

エンカウンターがブームです。教育センターの研修には必ずグループエンカウンターの講座があり、大盛況です。校内研修会でエンカウンターをする学校が増え、体験された先生は「なんだかあたたかい」「一緒にやって楽しいと感じる」「話すチャンスができて互いに知り合えた」「なんだか元気が出た」など、やってよかったと言います。本書はエンカウンターのエクササイズや考え方をベースに、学級集団づくりの初期について説明しています。

集団の中で子どもたちはいま……

いまの子どもたちの学級集団は、バラバラの小さな集団の集まりです。こぢんまりとしているから親密かというとそうでもありません。友達とかかわろうとしないのではなく、かかわり方がわからないようです。そのような集団では防衛が働いて不安がつきまといます。教師が何らかの手を加えないと、一年間このままの状態です。それどころか防衛や不安がますます強くなり、学級を「居場所」と感じ、不安を感じなくなり、学級を「居場所」と感じ、不安を感じなくなり、自分を自由に出しながら、友達と楽しくかかわることができるのです。けれども、初めからそんな状態の集団はどこにもありません。そうなるための一方法として、エンカウンターの手法を生かします。

1 新学期が効果的

ある中学校の話です。教師の力で学級を押さえ、教師も生徒同士も人間関係が深まらないまま二学期になりました。何となくシラケているので、「エンカウンターをやってみよう。ホンネを語りなさい」と始めたら、素直にホンネを出した子どもは、冷やかされ、不登校になってしまったというのです。

このような場合は、どのような手法を用いるにしても、十分な準備と計画、担任の思い切った方向転換が必要です。エンカウンターで、人間関係をつくったり育てたりするのは、まだ人間関係ができていない新学期に行うのがいちばん効果的なのです。

2 エクササイズには順番がある

エンカウンターには、人間関係づくりや自己発見のためのたくさんのエクササイズがあ

ります。ただしそれらを活用するには順番や段階があります。教師の好き嫌いで選んだり、前段階が不十分なまま次に進んでも効果がないばかりか、子どもに心的外傷を与える可能性があります。学級にはいろいろな子どもがいて、いろいろな人間関係があります。子どもの実態を把握し、学級の状態を見すえて計画を立てます。

(1) 第一段階　リレーションづくり

まずは子どもたちを交流させ、心の絆（リレーション）を強めます。全員で行う活動を通して「ホンネが言える」「自分を受けとめてもらえる」という相互信頼感を育て、安心して自己開示できる土台づくりをします。いまの子どもたちは人とのかかわり方をあまり学んでいません。新しく出会った友達とのかかわり方がわからないのです。四月には、学級全体で、楽しくてリレーションが深まるエクササイズをたくさんやると効果的です。

(2) 第二段階　自己開示

自分が思ったり感じていることを、素直に出すのが自己開示。ちゃかされたり、認められなかったり、非難されたりすれば、自己開示をしたくなくなります。ですから五月には、しっかり聞いてくれる先生や友達がいる雰囲気をつくります。自由に自己開示ができ、自分や友達の多様な考えにふれることで、自己や友達に対する気づきの幅が広がります。学級という場所で、クラスメートという仲間で、学級活動という時間で、教師が意図的に仕組んで自己開示ができるようにしていきます。

「私はわたし」というエクササイズは、人と自分の違う点を書き出してみるものです。これをやったある先生は、子どもが「私は男である」「私は人間である」という程度しか書かず、「エンカウンターなんてむだ」、と言われました。学級の様子を聞くと、冷やかしたりおちょくったりする子どもが多く、先生自身も自己開示しにくいというのです。そんな学級で、どうして子どもが自分のことを素直に出せるでしょうか。そんなときは第一段階をもっと行ってリレーションができる雰囲気をつくってから、第二段階に進みます。

(3) 第三段階　自己主張

自分の考えや価値観を積極的に主張する段階です。この段階で、自己肯定感をもちやすくなると、自己実現の入り口に立つことができます。五月後半からでも、第一段階からの積み上げが大切です。ただしあくまで開示ができ、自分や友達の多様な考えに

3　シェアリング

シェアリングとは、「わかちあう」ことで、認知の拡大や修正が目的です。帰りの会や行事の後に、「反省」だけでなく「どんな感じがしたか」「新しい発見は？」などを話す（自己開示する）チャンスを与えると効果的です。子どもに「どんな感じ？」と聞くと、最初は「わからない」と言います。けれども「そうかわからないのか。わからないということがわかったのか」などを繰り返していると、ポツリポツリと、自分の気持ちを言えるようになってきます。

学級経営でエンカウンターを続けると、人間関係づくりがうまくなるだけでなく、子どもも個々のよさが見えてきます。それは子どもたちが成長しただけでなく、教師自身が子どものよさを発見したり育てたりできるようになっている。つまり教師が人間的に大きく成長しているのです。構成的グループエンカウンターを学級経営に生かすということは、集団の力を借りて、子ども個々の人間的成長の援助をすることです。エンカウンターによって、子どもも教師も互いに人間的に成長することができるのです。

明里　康弘

column 1

私の見た いいクラス つまずいたクラス

諸富 祥彦

私のみるところ、学級経営の状態には大きく分けて次の四タイプがあります。

①「個が生きるつながり」のあるクラス。すなわち、それぞれの児童が自分らしさを発揮していながらも、なおかつ安定感のあるつながりを感じることができるクラス。

②つながりはあっても個が圧殺されているクラス。いわゆるこわもての教師が担任するクラスに多い。教師の権威的な指示によりいやいやながら大人しくはしているものの、楽しさがない。そのときは静かだが、この教師が転任などすると荒れ始めることが多い。

③それぞれの個は生き生きしていても、バラバラなクラス。やさしさはあるが、「枠」をつくれない教師に多い。児童はそれぞれ自分勝手に楽しんではいるが、まとまりや落ち着き、安心感がない。担任教師も疲れ果ててしまっている。

④バラバラで、まとまりがないうえに、個々の児童にも活気がないクラス。ネガティブな空気がクラス中に広がっていて、何をやらせても「何でこんなこと、やらなきゃなんねえんだよ」といった無言の反応が返ってくる。教師や大人一般に対する不信感、嫌悪感が立ち込めている。

①の「個が生きるつながり」のあるクラスでは、例えばある児童が冗談を言うと、きまってあたたかい笑い声が全体を包みます。みんなが支えてくれている、みんなが見守ってくれている、という意識があるので、それぞれの児童も自由に安心して発言することができるのです。冗談もさえてきます。また、それぞれの児童が生き生きと発言でき、それがまたクラス全体の雰囲気を明るくします。つまり、個々の児童と学級集団の間にプラスの相乗効果が働いているのです。

逆に④のタイプのクラスでは、一人の児童がせっかく前向きな発言や冗談を言ったとしても、きまってシラーッとした反応しか返ってきません。「勝手にやってれば」という無言の反応です。せっかく発言した児童もバカバカしくなり、以降、口を閉ざすようになってしまいます。個々の児童と学級集団の間にマイナスの相乗効果があり、足を引っ張り合って、重たい空気をつくっているのです。

大切なのは、④のタイプのクラスの担任になった場合に、強引に自己開示系のエクササイズを行ったり、道徳授業で無理に感動させようなどということをしないことです。教師を信じてクラス員の前で自己開示した児童を傷つけてしまうことになります。上記の四タイプは、河村茂雄『学級崩壊 予防・回復マニュアル』図書文化を参照のこと)。

chapter 2

第2章

学級づくりの準備

スタートダッシュのための準備運動

最初の1週間であれ？　と思ったら

学年・学校体制づくりのヒント「自分の学級だけは…」で，大丈夫？

スタートダッシュのための準備運動

新学期を迎えるための準備期間は、短いのにやることがいっぱい。新しい子どもたちとの出会いを気持ちよく、余裕をもって迎えるために、どんなことに気をつけたらいいのだろうか？

子どもとの出会いを気持ちよく迎えるために

新学期までの準備期間は、たったの三、四日。この間は、新しい学年の教師との出会いがあり、教室の移動や職員会議にも追われるきわめてあわただしい時です。ですから、あれもこれもと欲張らないで、すぐに行わなければならないことは何か、後に回してもよいことは何かを考えながら、準備を進めることが大切です。この時期の具体的な準備としては、次のようなことがあげられます。

第一は、同学年や新しく着任してきた同僚教師との関係づくりです。同学年の教師がお互いに知り合うことは、この後の一年間の活動に欠かせないことでしょう。毎日保育園の送り迎えをしているとか、バスや電車で通勤しているとか、趣味や特技などについて、さしさわりのない範囲で情報交換をします。

第二は、学年や校務分掌の担当者としての仕事です。学年で行う学級編制に伴う書類分け、教材採択、学年通信についての打ち合わせや学年目標についての話し合いなど、この時期ならではの仕事があります。また、校務分掌の担当としては、職員会議に提案する計画案の作成と新学期に向けての準備があります。後回しにできないもの、提出期日の迫っているものを優先して手がけていかなければなりません。

第三に、学級づくりのための準備です。子どもたちとの出会いを余裕をもって迎えるためにも、「学級づくりスタート直前チェックリスト」（24ページ）を参考にしながら進めてみましょう。

とにかく、あっという間に過ぎてしまう学期始めです。思いつくまま行っていると、いざというときあわてたり、子どもたちとの大切な出会いのときまでに疲れてしまったりします。メモに書き出してみて「これは、いますぐにやらなければならないことなのか、後でもよいのか」を自分に問いかけながら優先順位を決め、急ぐことから始めましょう。

子どもや親との信頼関係のための細かな配慮

新学期は、子どもたちに渡すものが多くあります。教科書、ノート、家庭環境調査用紙、学年通信……。始業式の後に新しい教科書を手にした子どもたちは、これからの一年を想像しながら進級の喜びを実感しているはずです。しかし、もし教科書が一冊たりなかったらどうでしょう。「僕の○○がない」と、とても寂しい気持ちを味わうことになります。このような心情面でのつまずきは、後々まで嫌な思いとして影響します。さらには、「うちの子は、今度の先生には大事にされていな

22

「い」といった親の不信感を招きかねません。そのような、一度抱いた親子の不満を取り除くことは容易ではありません。それだけに、個々に与えるものの数がきちんと全員分確保されているというのは、大切なことなのです。特に教師と子どもや保護者との信頼関係が十分できていない新学期には、数の確認をていねいに行い、一人一人を大切にしている気持ちを行動で伝えたいものです。

特に配慮を必要とする子どもへ

担当学級が決まったら、まず指導要録・保健調査書・健康診断の記録・学力検査結果など前担任から引き継いだ資料に目を通します。その際、気になる子どもについては、正確な情報を得ておくようにします。けがの後遺症が残っているとか、経過観察をしている病気があるとかの身体的な面はもちろんのこと、いざこざのある友達関係、うまくいっていない保護者同士の関係、といった情報もあります。

数年前の始業式で、生年月日の遅い順番に、前から子どもの座席を決めて座らせたことがありました。ところが翌日すぐに、保護者から「席を替えてほしい」との連絡帳が届いたのです。「前に並んでいる子どものお母さんには、幼稚園のときからちょっとしたことでもすぐに長い苦情の電話をもらっていたので、かかわりたくない」とのことでした。すぐに連絡帳をいただいた保護者に会って話を聞いたところ、深いいきさつを抱えていることがわかりました。翌日、さっそく一部分の席替えを行いました。知らなかったとはいえ、担任としてスタートから大きな失敗でした。新学期や席替えのたびに、いつも思い出される出来事です。それ以来必ず、前担任に話を聞いたり資料を見たりして、情報の収集をしています。短い新学期の準備期間に二人の担任で時間を合わせるのはなかなか厳しいのですが、何とか引継ぎの時間を確保するよう心がけています。

配慮を必要とする子どもとして、転入生もいます。転入生の場合は、何年生であっても一年生と同様にその学校は初めてです。まだ、学年が進んでいれば、それだけほかの子どもたちとの差に気づいています。同学年の友達が大きく口を開けて元気に歌っている校歌も、自分は知らないのです。学習活動が始まれば、自信をもって活躍できる部分も出てきて安心感も生まれてくるのですが、初日からしばらくは教師のあたたかく細やかな働きかけがほしいものです。座席は、気のきいた親切な子や転入経験のある子の隣にするのも一つの配慮です。教科書などもみんなと一緒に配れるとベストですが、後日になるときには、「○日には教科書が届くから少し待ってて

教師同士でもあたたかな声かけを

あわただしい、時間に追われる、そんな新学期の準備期間。考えることがいっぱい、やらなければいけないこともいっぱい。でも、短い限られた時間は待ってくれません。だからこそ、教師もお互いに声をかけ合いましょう。他校から転任したばかりの教師であれば、「コピー用紙はここにあるよ」「大丈夫？ わからないことがあったら声をかけて」など、気にしてもらえたら幸せです。着任して間もない教師に限らず、「どう？ 準備は進んでる？」「落ち着いたらゆっくり話したいね」などのなにげない声かけで心がかよい合い、忙しいなかにもほっとした気持ちが生まれます。そんなちょっとしたことで疲れも心なしかとれてがんばれるものです。

子どもたちにあたたかいひとことが大切なように、同じ職場で働く仲間同士でもひとことの声かけが大切です。縦のつながりも横のつながりも絶対に必要な職場です。お互い声を交わし合うことで、よりよい職場の人間関係ができてくるように思います。

萩原美津枝

学級づくりスタート直前チェックリスト

Ⅰ．安心のためのチェック

4月からの子どもたちを迎える学級の準備はできていますか。

No	チェック項目	チェック
1	指導要録・健康診断の記録など，資料の引継ぎはしましたか。	
2	前年度あるいは入学前の担任と，子どもの情報について引継ぎをしましたか。	
3	身体的・心理的な配慮を要する子どもについての，具体的な対応について確認しましたか。	
4	氏名ゴム印は，手元にありますか。	
5	教科書・副教材・ノートなどの数は，子どもの人数分ありますか。	
6	学年だより，児童調査表などの配布物の準備はできてますか。	
7	子どもの名前の読み方を確認してありますか。	
8	机といすの数と，高さ（適合具合）の確認はすみましたか。 ガタついたり破損したりしている机やいすはありませんか。	
9	ロッカーに，名前のシールや番号を付けるなどの準備はすみましたか。	
10	靴箱の学級表示と名前シールや番号を付けるなどの準備はすみましたか。	
11	清掃場所の確認と，清掃用具の数や使用状態はいいですか。	
12	始業式の日に子どもに連絡することを，整理してありますか。	
13	黒板に進級を祝う言葉を書きましたか。	
14	教室に，明るい色の花を飾りましたか。	
15	登校した子どもがどこに座るかがわかるように，黒板などに指示してありますか。	
16	どんな学級にしたいのか，教師の願いはまとまっていますか。 紙に書き出してみましたか。	
17	子どもとの出会いのメッセージの計画はできていますか。 リハーサルをしてみましたか。	
18	学級担任としての自己紹介の仕方と内容について，準備はできていますか。 声に出して言ってみましたか。	
19	子どもたちの自己紹介の計画は，考えてありますか。	
20	転入生はいますか。 （※以下，転入生がいる場合） 転入学書類は確認しましたか。 転入生の配布物は，きちんと用意されていますか。 転入生の机やいすも，たりていますか。 転入生の名前の読み方は，確認できていますか。	

Ⅱ．学級担任のための心の自己点検

教師を何年やっても，新学期に会う子どもとは初対面。初心に返り，チェックしてみましょう。

No	チェック項目	現在の安心レベル
1	子どもが好きですか。	4・3・2・1
2	教師の仕事が好きですか。	4・3・2・1
3	学級担任の仕事に情熱とやる気をもっていますか。	4・3・2・1
4	学級担任として，毅然とした態度でリーダーシップをとろうとしていますか。	4・3・2・1
5	教師として適切な言葉づかいや行動をしようとしていますか。	4・3・2・1
6	子どもたちから親しみをもたれるタイプですか。	4・3・2・1
7	ユーモアを心がけて子どもたちの前に立っていますか。	4・3・2・1
8	教師からあいさつをするようにしていますか。	4・3・2・1
9	明るい表情やさわやかな笑顔で生活するようにしていますか。	4・3・2・1
10	休み時間や昼休みなど，子どもと一緒に遊ぶよう心がけていますか。	4・3・2・1
11	子どもと一緒に掃除をしたり，給食の準備をしたりして，子どもに寄り添おうとしていますか。	4・3・2・1
12	子どもたちの雑談のなかに自然に入っていくことができますか。	4・3・2・1
13	子どもが好きなテレビ番組や雑誌，ゲーム，音楽などの情報を得るよう，心がけていますか。	4・3・2・1
14	子どものいいところを積極的にほめるようにしていますか。	4・3・2・1
15	子ども一人一人の個性に応じた声のかけ方やしかり方などを心がけていますか。	4・3・2・1
16	相性のよくない子や苦手なタイプの子とも，うまくかかわろうと心がけ，どの子どもに対しても，公平に接するよう心がけていますか。	4・3・2・1
17	子どもに自分の考えや気持ちを上手に伝えるように心がけていますか。	4・3・2・1
18	子どもの無理な要求に対して，冷静に対応しようと心がけていますか。	4・3・2・1
19	子どもが間違っているとき，頭ごなしに注意することなく，納得してもらえるように話していますか。	4・3・2・1
20	自分が間違っていたとき，素直に子どもにあやまることができますか。	4・3・2・1
21	うまくいかないとき，子どもにあたったりせず，自分の感情をコントロールすることができますか。	4・3・2・1
22	これから1年間の学級づくりを楽しみにしていますか。	4・3・2・1

最初の1週間であれ？ と思ったら

学級びらきから1週間、クラスの傾向が何となく見えてくるころ。6つのポイントを押さえたチェックをもとに、適切な対応で「子どもの居場所」がある、あたたかい学級づくりを。

最初の一週間で変化は表れる

新しい学年になったら、あんなこともしてみよう、これもやってみよう、一人一人の気持ちを大切にして、楽しく思いやりのあるクラスにしよう……。

春休み中から準備をして、緊張して迎えたいよいよ新しい学年のスタートです。学級びらきも無事終わり、始業式（入学式）。

最初の一週間では、子どもの進級した喜びや意欲を失わせないよう配慮しながら、さまざまな決めごとをします。席決めから始まり係決め、クラスのめあて決め、朝の会や帰りの会の仕方、給食の仕方、清掃の仕方など、決めなければいけないことはたくさんあります。そのあわただしい間には、入学式の準備や参加のしかた、学級のめあて、ルールなどもスムーズに決まります。

この一週間は比較的教師の指示をよく聞き、係や学級のめあてなどの行事もあります。子どもたちも決めなければならないことはたくさんあります。

ところが一週間たったころ、「おはよう」と教室に入っていっても「おはようございます」の返事がまばらだったり、朝の会が始まる時刻なのに司会者が始まらなかったり、人の話をきちんと聞けなかったり、人の悪口ばかり言っていたり、忘れ物が多かったり……と、「こんなはずじゃなかった」と思う経験を、どの先生もおもちではありませんか。

学級びらきをして一週間たつと、子どもたちの様子が少しずつわかってきます。そして振り返ってみると、実は学級びらき直後から私語が多かったとか、友達の話を真剣に聞けない子がいたとか、いろいろと気になることが思い浮かんできます。

教師自身の態度も同じです。学級びらきのときに話し始めようとしたらザワザワしていたので「人の話はしっかり聞くこと！」としかってしまった。その後も話を聞けない子に対しては、教師の権威を振りかざして抑えることに専念してしまった。話し合いのとき、意見を言える子だけが発言し、多数決で決めてしまうのをそのままにしてしまった。反省することが多々あるのではないでしょうか。

また反対に、「うまくスタートしたな」と感じることがあります。朝、「おはよう」と教室に入ると元気のよい返事が返ってくる。給食の準備も係や当番がテキパキと行動する。このようにクラスのそれぞれの機能がうまく発揮されているき、スタートの成功を感じます。こういったクラスでは、学級びらきのとき教師の話に集中しやすい話し方をしたり、ゲーム性のある自己紹介をしたりと、出会いを大切にし、はじめの決めごとに際しても、子ども一人一人の考えや思いを大切にし、また決めごとに工夫をしてきたのではないでしょうか。最初の一週間

に、子どもたちとの心の絆づくりに特に神経を注いできた成果だと思います。

この時期に、もしも「うまくいってないな」と感じたら、あせらず原因を考え、それに応じた対策を講じればよいのです。まだまだ新学期は始まったばかりなのですから。逆に、あまりにうまくスタートしたというときも、子どもたちが無理をしていないか振り返ってみることが必要です。

では、どのような問題が出てきたとき、どのような視点で考え、どう対処すればよいのか、「学級づくりにおける六つのねらい」に照らして見ていきましょう。

1 先生と仲よく

朝「おはよう」とあいさつしても返事がない、休み時間に寄ってこない、何かしようと提案してものってこないなどは、担任に対して心を開いていないということです。子どもが先生のことを、安心できる信頼できる存在として認識していないということなのです。これは教師と子どもたちのつながり不足からくることなので、教師はおおいに自己開示をしてみるとよいでしょう。子どもたちに望むこと、この学級をどのようにしたいか（説教ではなく自分の思うことを述べます）、自分の好きなこと、大事にしているもの、家族のこと、小学生のころの失敗談などは何でもかまいません。子どもたちは先生を身近に感じてくるはずです。

だれだって、よく知らない人に気軽に話しかけたり、指示をしっかり聞いたりすることには、ルールを守ることに意義を感じていない子にはロールプレイが効果的です。いつもルールを守る子と守らない子との役割を交換させて、そのときの気持ちを振り返らせるとよいのです。子どもたちに、ルールを守ることの大切さや気持ちのよさを体感します。高学年では、ルールの意義そのものについて話し合うのもよいでしょう。話し合うときは、全体で行うばかりでなく、四人くらいの少人数で行うのも、友達の考えや思いが直接わかるので効果的です。

自己肯定感の低い子は、自分を好きになるエクササイズをたくさん行うと、教師や子どもの注意を引きたいという気持ちが弱まり、みんなと一緒に過ごす楽しさを味わえるようになるでしょう。

「いいとこさがし」「パチパチカード」「ほめあげ大会」「あなたの○○が好きです」「Xからの手紙」「一日五分の自分探し」「エゴグラムで自分を知ろう」などがあります。ルールを守る子に帰りの会などで「がんばりヅル」をあげるのも効果的です。

3 友達と仲よく

クラス替えのあと、前のクラスの友達としか仲よくできず廊下で話し込んでいる子、休ができません。大切なのは、先生のことをよく知ってもらい、好きになってもらうことです。だからといって、子どもたちに迎合するということではありません。「いけないものはいけない」という、毅然とした態度も必要です。そうすることで、親しみだけでなく信頼感も生まれてくるのです。

子どもたちとの心の絆づくりの活動として、

「あいさつゲーム」「ジャンケンゲーム」「先生ウォッチング」「鏡よかがみ」などがあります。また、「先生の好きなものビンゴ」は楽しさも加わり、教師のことをよく知ってもらうには効果的です。

2 楽しい学級づくりのためのルール

忘れ物が多い、提出物が期限どおりに出せない、係の仕事を忘れる、清掃を一生懸命しないなど、ルールを守れない子が目についてきます。子どもたちは、ほんとうはルールを守ることの大切さをよく知っています。それは、なぜ守ることができないのでしょうか？それは、守ることに対して意義を感じていなかったり、自己肯定感が低く人の注目を集めたがるためでしょう。

時間だれとも話さず本を読んでいる子なみ、新しい人間関係をつくるのが苦手な子がいます。そういう子のためにも、子ども同士の心の絆づくりを、しっかり行いたいものです。「友達なんていらない。一人でも大丈夫」などと言っている子でも、ホンネでは友達が欲しいと思っているでしょう。休み時間に一人でいる子は、おしゃべりをする友達がほしいと思っているでしょう。一人になりたくないのにそうしているのだと思われます。子ども同士の心の絆が学級全体に広がれば、前年度の友達と廊下で会う回数もしだいに減ってくるでしょう。

　初めは体を動かす、レクリエーション的なエクササイズがよいでしょう。
　「こおりおに」「ジャンケン列車」「サッカージャンケン」「何でもバスケット」「ゴリオリゲーム」「質問ジャンケン」「ご指名です」「団結くずし」などです。ジャンケンを使うものは簡単で、多くの相手とかかわれるので、新しい友達や先生とのリレーションづくりに有効です。また、「四つの窓」「質問ジャンケン」「サイコロトーキング」などは少人数のグループで話し合うことで、直接友達の思いや考えにふれることができます。協力してエクササイズを行う、

「色鉛筆を忘れちゃった」「新聞紙でパズル」「聖徳太子ゲーム」「共同絵画」「人間コピー」「無人島SOS」などとも友達の多様な考えに気づく、お互い認め合えるエクササイズの導入として、また朝の会や帰りの会にショートでも毎日実施できるエクササイズもあります。
　「アウチでよろしく」「いろいろ握手」「誕生日チェーン」「アドジャン」「はいポーズ」「トラストアップ」などです。
　友達とのリレーションづくりがうまくいけば、学級に自分の「居場所」を見つけることができます。そうすれば旧来の人間関係にすがることもなくなり、新しい学級でのびのびと生活できるはずです。

④ 聞く・話す

　人の話に集中できない、「聞く」ことが苦手な子がいます。そういう子には、話を聞いてあげることが相手に満足感を与える、ということを理解させ、「うれしくなる聴き方」「聴き名人になろう」などで聞き方のトレーニングをすると、上手に聞く態度が身についてきいでしょう。
　また、自分のことを話せない、自己表現できない子はいませんか？　自己紹介がうまくできない、係決めのとき意思表示ができない、自分のことを話すとき聞き取れないくらいの小さな声でしか話せないなど、「おとなしい子」がいます。
　これは自分に自信のない子に多いようです。「話す」訓練は国語の「伝え合う力」でも行いますが、エンカウンターのエクササイズを生かして自分のことを話し、グループの友達がじっくり聞いてくれるという心地よい体験を積んでいくと、積極的に話せるようになってきます。何を話しても友達が受け入れてくれるという安心感があれば、自分のことを少しずつ話せるようになります。
　教師や友達と心の絆づくりをしていくと、クラスの雰囲気があたたかくなり、自分の居場所が見つかることは前にも述べました。自分の居場所があると安心感が生まれます。どんなことを話しても先生や友達が受け入れてくれるという思いから、子どもたちは雄弁になります。また逆に、自分の話をしっかり聞いてくれる先生や友達の話を聞こうという気持ちも育ってくるのです。
　子どもたちを観察していて「話せないな」と思ったら、楽しく話せるエンカウンターのエクササイズで自己開示を図り、聞いてもらえる心地よい体験をたくさんさせていくとよいでしょう。話したり聞いたりすることは、人とかかわっていくうえでとても大切なこと

5 気になる子への配慮

です。学級始めのこの時期に、しっかり押さえておきたいものです。

前担任から引き継いだ「気になる子」は、一週間でクラスの雰囲気になじんでいけそうな子であれば、スタートは上々です。もしうまくいっていなくても、まだまださきは長いのです。ゆっくり観察し、手だてを考えて指導を続けましょう。

まだクラスの中で一人でいる子には、ゆっくりじっくりその子のペースで友達づくりができるよう、配慮をしていきたいものです。前のクラスの友達にしか心を開けない子がいるときは、クラスの友達とかかわりがもてるよう人間関係づくりの活動を行い、実施した後の心地よい感情を体験させたり、一体感、成就力して課題を成し遂げた喜び、友達と協感をもたせたりすることができると、徐々に新しい学級の中でも「自分」を出してくるのではないでしょうか。あせらずあきらめず、引き続きクラスになじむよう手だてを講じることです。

また、問題がはっきりと目に見えている子は何らかの指導を考えることが可能ですが、一週間たっても、どのような様子なのか、見えてこない子もいると思います。そういった

子がいる場合は、自分は毎日どの子にも声をかけることができたったりして、一人一人に目を向けていくことで、徐々に見えてくるでしょう。

6 自分発見・友達発見

自己紹介を書いたカードを見ると、自分の好きなことや新しい学年でがんばりたいことなどがしっかり書いてある子と、反対に自分のことがほとんど書けていない子がいると思います。

自分のことをたくさん書ける子は、自分のことをよく理解しています。反対に自分のことがあまり書けない子は、自分理解がたりません。また自分が大切な存在であると思うことができない子は、友達のことを認めることができません。ですから、友達のよいところが言えなかったり、友達の悪口を言ったりするのです。

そういう子が多くいるなと感じたら、自分のことを好きになる、そして同時に友達のよいところを見つける活動をたくさん行っていきましょう。自分を知り、認め、好きになる、自己肯定感を高める工夫が必要です。

「いいとこさがし」「ありがとうカード」「パチパチカード」「ほめあげ大会」「あなたの○○が好きです」「がんばり賞をあげよっと」「×からの手紙」などがいいと思います。

思いどおりにならなくてもあせらない

この時期、教師にとって大切なのは、現実を直視することです。子どもたちの現在の様子をしっかりと見すえ、そこから再び目標をもつことです。目標が高すぎるようであれば、少し下げることも必要ですし、低かったかなと思ったら上げればよいのです。必ずしも、いつも最高をめざす、などと思う必要はありません。

そして、思いどおりにいってないと感じたときはいつでも、その原因を見つけ出し、修正しようとする気持ちをもつことが大切です。思いどおりに機能しないからと、自分を責めることはありません。また、力で子どもたちを押さえてしまおうとするのも逆効果です。学級は子どもたちが主役です。子どもたちは生きているのです。担任がいくら努力しても、うまくいかないこともあります。そういうときは一人で抱え込まずに、学校体制の中でSOSを出すことも大切です。

また、エンカウンターを生かした集団活動が転機となり、学級が変わっていくこともあります。少しくらいうまくいかなくても「あせらない、落ち込まない、あきらめない」をモットーに、自分のベストをつくしたいものです。

平田 元子

学年・学校体制づくりのヒント
「自分の学級だけは…」で、大丈夫?

安心して協力しあえる関係づくりはエンカウンターの目的の一つ。子どもを取り巻く問題が複雑化してきたいま、学級内だけでなく、教師間、学校全体にもその関係を広げることが必要。

太刀打ちできる? 私の力量?

「学級担任となったからには、自分自身の力量と責任において安定した学級経営をするのは、専門職としてあたりまえ」——教職についたころに先輩からよく聞かされた言葉です。いつも気持ちのどこかにあって、自分を励ますひとことであったり、苦しめるひとことであったりしました。それによって自分を律しつつ何とかやってこれた、それがこれまでの日々でした。

しかし、「学級崩壊」という言葉がすっかり定着したいまの時代にあって、子どもを取り巻く問題は複雑化して、からみ合った状況にあります。そんななかで、担任一人の力量と責任感だけで教育活動を進めることは、困難だという思いを強くしています。「自分の学級だけに焦点を絞って経営をしているだけでは、もうだれもが行き詰まる時代だ」——そう認識せざるを得ないのが、多くの学校の実態ではないでしょうか。

今日、すでに日常化・一般化している子どもを取り巻く問題として、次のようなものが考えられます。

○いじめなどの問題行動がある
○成長に必要な養育を受けられない
○教育的配慮を必要とする
○指導内容や指導力に不満を示す（保護者も）
○家庭の教育力の低下
○家庭と学校との信頼関係の不足
○実態に合わない柔軟性を欠く学級経営
○校内の教育機関や協力のあり方
○地域の教育機関との連携の不足
○いじめの早期発見と心理理解やその対応のために必要なこととして、
○保護者の子育て状況の把握と適切な対応
○子どもの生活把握と関係諸機関との連携
○幼稚園や中学校との情報交換や協力態勢
○子どもとの信頼関係の確立
○学級間情報交換による自学級の振り返り
○授業方法などの研修や準備
○長期にわたるアプローチ

などがあげられます。あらためて、なんと多種にわたっていることかと思います。

それでも教師が悲観的にばかりならずにがんばっていられるのは、子どもにエネルギーをもらっていること、そして十分に情熱を傾けたいという思いで仕事をしている多くの同僚の姿を見ていること、そういったことがあるからです。

目の前の現実は前述のとおりで、「私はできていた・やれていた」というこれまでの経験知だけで「いま」を乗り越えるのは、困難な状況です。けれどもそういった状況に置かれているのは自分だけではなく、ほかの教師も同じだということなのです。ですから安心

して腹をくくり、ポジティブシンキングで職場の仲間と手をつなぎましょう。

意識を共有して「個業」から「協働」へ

では、「初めの一歩」、はどんなところから歩み出せばよいのでしょうか。

チャンスは新学期です！　新しい学年スタッフとともにスタートするときです。まずは四月の学年びらきで、初めの一歩を踏み出しましょう。教師同士で、「学年内はオープンスペースだ」という共通確認をしましょう。同様に、単学級校では「複数学年での教育活動を日常化しよう！」という共通確認をしましょう。

「自分が受けもっている学級を越えて、教師全員で子ども全員を育てる意識をもちましょう。自分の学級の子どもはもちろん、他学級の子どもの名前もできるだけ覚えるようにしましょう。子どもたちには、よいことをしたときも悪いことをしたときも、声をかけるようにしましょう。そしてそのことにより、多くの先生が見つめてくれている安心できるところが学校だと、子どもに実感させましょう。ほかの先生から自分の学級の子どもの問題行動を話題にされても、ポジティブに受けとめるようにしましょう。そういった子どもに関する情報交換が、教師の間で日常会話になるようにしたいものです。明日から私は、遠慮なく

歩んでいきたいものです。学年主任からは、率先してこんなひとことがほしいものです。

そしてそれらを実現するにあたり、学年や校内で同一の情報をもって事にあたり、有効に働くことが期待できるのです。

教師同士で意識の共有化が図れたとき、それぞれの立場や世代間の発想の違いや解決のあり方などを理解しあうことができ、多様性や柔軟性のある教育活動が可能になります。そして校内リーダーのもと、これらの情報交換を継続させることで、情報収集➡方向決定➡実践へと、明るい気持ちで取り組んでいきましょう。

社会、家庭、子どもが変わっている現在の状況のなかで、担任一人でがんばっていた過去の経験と指導の成功例に依存し、浸っていては先に進めないのです。それらをベースにしながらも、「学級担任であり、学年担任でもあり、校内全担任でもある」の思いをもって指導にあたるのがあたりまえ！　そんな空気を学校内につくりたいものです。

肩の荷はみんなで背負えば少なくなります。それはけっして他力本願の発想ではなく、「一人一人の力を結集する」そんな発想なら十分な働きができるということなのです。そうなれば子どもや子どもを取り巻く大人たちに向かっても、学校は開かれている

受け入れてくれるという空気を、共に発信することが可能になるのではないでしょうか。教職員が成熟した人間性をもって支援しあえる関係を保っている学校の力となる関係を保っていることが、学校の力となり、有効に働くことが期待できるのです。

「もう限界だと思ったときに、声をかけてくれる仲間がいることがほんとうにうれしい」──最近耳にした、仲間の教師の声です。自分の限界を感じるような教師であれば、だれでも心から共感できる言葉ではないでしょうか。

学校行事のようなイベント的教育活動の場面では、学年や全校単位での取組みは違和感なく展開されています。でも、これからは、教科学習においても学年単位で展開し、多くの教師の目を通して子どもたちを見つめていきましょう。あたたかい学級づくりに向かって進めるよう、子どもも大人も疲れすぎてしまわぬようにありたいものです。

まずは、隣の学級のことに「口出し」しあえる関係になりましょう。結集された教師パワーをもって、「協働の場である学校」にしていきましょう。安心して協力しあえる関係を教師間でもつくることが必要なのです。

　　　　　　　　　　加瀬　和子

(参考文献：諸富祥彦編著『カウンセリング・テクニックを生かした新しい生徒指導のコツ』学習研究社)

column 2

新しい学級づくりの哲学
―個が生きるつながり―

諸富 祥彦

　現代社会は、個人主義的な社会であるといわれます。バラバラに切り離された個が、それぞれに勝手な欲望を抱いて競合しています。隣にだれが住んでいるのかさえ定かではなく、見知らぬ者同士がただ同じ空間を共有している。いわば「満員電車型社会」なのです。
　といっても、それぞれの個が相互に自立しているわけでもありません。自分の足場をしっかりと確かめながら、お互いにかかわり合っているわけではないのです。また私は孤独のままでいい、と覚悟を決めているわけでもないのです。だれもがだれかとつながりたいのにつながれない。だれかを求めているのに、そのだれかが見つからない。だれもがほかのだれかの中にだれもがあって、自らの内なる空虚や満たされなさを覆うために、ほかのだれかと競合したり、支配しあったりしているのです。私たちが住んでいるのは、そんな共依存的な社会なのです。
　保守的な立場に立つ知識人は、したがって、かつての旧き良き時代を懐かしみますが、しかしそこには当然、全体主義への危険が待ち構えています。
　これからの私たちが必要としているのは、いまのままのバラバラの個人主義に開き直るのでもなく、といって個が圧殺された全体主義に舞い戻るのでもなく、それぞれの個が自分の個性やもち味を生かしたユニークな個でありつつも、ほかとつながっていることのできる社会なのです。自分の空虚を埋めるためにほかのだれかを支配したり利用したりするのではなく、それぞれが十分に個でありながらもお互いに何かを提供しあい、支え合うことができるつながりのある社会なのです。すなわち「個が生きるつながり」＝「つながりの中の個」。これが、これからの社会のありようを考えるキーコンセプトであると私は思います。
　さて、学級は小さな社会であるとしばしば例えられます。そうであるならば、これからの学級は「個が生きるつながり」のあるクラスでなくてはなりません。
　ひるがえって多くの学級の現状を顧みるならば、そこはいくつかの「個が殺されたつながり」（グループ）が競合している状態だといわなくてはなりません。
　私のスクールカウンセラーとしてのささやかな体験をもとにいえば、とりわけ中学生女子のグループ同士の競合など「戦国時代」さながらという感じです。日々楽しく学校に通えることのほうが、不思議だと思えてしまうことさえあるのです。
　構成的グループエンカウンターをはじめとする育てるカウンセリングによる積み重ねが、日本の学校に「個が生きるつながり」を創造していくものと信じたいものです。

32

chapter 3

第3章

学年別スタート
ダッシュプログラム

低学年　こんな時期ここに注意
　　　　これをねらってこれを！

中学年　こんな時期ここに注意
　　　　これをねらってこれを！

高学年　こんな時期ここに注意
　　　　これをねらってこれを！

こんな時期　ここに注意　これをねらって　これを！

低学年

簡単に楽しくできるエクササイズで、入学や初めての進級による緊張や不安をやわらげ、教師や友達と知り合う機会を。人間関係の基礎づくりで、あたたかい学級をつくろう。

4月前半　出会いを大切に

入学したばかりの一年生はもちろん、初めての進級を体験した二年生も、この時期は小さな体に大きな期待と不安と緊張を背負っています。新しい教室、先生や友達、たくさんの教科書やノートなど、見るものにも聞こえてくる声にも、とても敏感になっています。

そこで、子どもたちの抱いている期待を大切にしながら、不安や緊張を軽くすることを心がけたいものです。子どもたちはそれぞれ、「二年生になったんだから」「二年生になったら」と、いままでとは違う目標を自分の心に秘めており、また家族や周りの人からも言われます。このようなとき教師は、「とってもいい顔してるね。お兄さんやお姉さんになったようだね」と、まず子どもたちの小さな誇らしさをしっかりと受けとめましょう。

一年生の担任になったら、できるだけこのスタートの二週間くらいは、子どもたちが登校するのを教室にいて迎えてあげたいものです。子どもたちは、担任の先生が教室で待っていて「おはよう」と声をかけてくれるだけで安心して登校してきます。

しかし、ときには母親から離れられなくて昇降口でぐずっていたり、教室に入れなかったり、なかには家から出られなかったりする子どももいます。そんなときはあわてず子どものところまで迎えに行き、手を差し出してみましょう。その手を振り払われなかったら、手を引いて一緒に教室に入り、席まで行きましょう。振り払われたら、あせらずゆっくり話をして、少しずつ教室に近づけてみましょう。スタートから無理はせず、子どもを安心させるように努めましょう。

このころは、子どもたちが大好きなジャンケンをしながらのショートエクササイズがおすすめです。ジャンケンに勝ったら、自己紹介をするとか、肩たたきをしてもらうなど、相手に簡単な質問ができると、教師と子ども、子ども同士の心の絆づくりを行います。子どもたちが感じている緊張も、きっとやわらぐはずです。

4月後半　だれとでも仲よく

一年生も、学級の友達の名前をだいたい覚え、新しい友達が出来始めます。二年生の子どもたちも、一年生の子に対する興味だけでなく、学校案内などの活動を通して、上級生としての自覚をもち始めます。

この時期には、係活動や当番活動にみんなで注目してみることも大切です。だれがどんなことをがんばっているのか、忘れていること

第3章　学年別スタートダッシュプログラム

5月前半　学級の友達を知ろう

とはないか、いままでしていなかったけどやってみたほうがよいことはどんなことか、話し合ってみましょう。教師の気づかないところでがんばっている子どもに気づかされることもよくあります。そんなときは、おおいに認めて、ほめてあげるとさらに意欲が高まります。

また、友達と仲よくできるところを認めるのかかわりをいっぱい体験する活動を行うように心がけましょう（「いいとこさがし」「キツツキさん」「こおりおに」「木とリス」など）。

四月も後半になると、緊張感が少なくなり、気温の高まりとともに新学期の疲れが出てきます。体育や学級活動などにエンカウンターのエクササイズを取り入れて、学級の友達といる心地よさを感じることは、仲間づくりにはもちろん、心身をリラックスさせるためにもとても役立つようです。

せっかく一カ月間の学校生活でよいリズムが身についてきたころ、ゴールデンウイークがあります。新学期の疲れを癒すためには、この休みは有効です。けれども、張り詰めていた気持ちがやわらぎすぎて、学校に来るのがおっくうになってしまったり、休み癖が出たりする子どももいます。

また、この前後は運動会や遠足などの行事に追われて、一人一人への配慮が欠けてしまう時期でもあります。そのことを意識して、子どもたちの言葉や行動に気をつけてみましょう。教師が意識することで見えてくることがぐんと多くなり、ささやかな子どもの変化にも早く気づき、すばやい対応ができます。

また子どもたちは、クラスの友達のことについてもわかっている子と気づいていない子がいます。楽しい雰囲気のなかで、さらにお互いを知り合う活動がおすすめです。

「探偵ごっこ」などでは、ぜひみんなに話しかけてほしい子にかかわる項目を入れておくと、ふだんあまり話しかけられない子どもも声をかけられ、喜んで参加できます。話すことで友達を知るきっかけにもなります。これは項目さえ変えれば、何度でも興味をもってできるエクササイズです。

友達のことを紹介しあう「他己紹介」などは、本人が気づかない一面を友達から教えてもらえたり、いろいろな友達への興味を広げたりすることもできます。

5月後半　お互いを認め合おう

そろそろ個性が前面に出てきて、かわいい口げんかや言い争い、教師への告げ口なども増えてくるころです。自分の言いたいことを主張しすぎて、友達の話をきちんと聞かないことが原因で起こる衝突もあります。みんなが自分と同じ考えをもっていると勘違いをしている子どももいます。お互いの話を聞くように、その場その場で教師が声をかけることが必要です。

自分勝手な話や行動を少なくして、相手の話に耳を傾けることが大切であることに気づかせるため、グループワーク（協同作業）の機会を増やしましょう。三人から五人のグループで全員が言うべきことをしっかり正しくみんなに伝えたり、話している人の言うことを最後まできちんと聞いたりする協力体験を重ねると、友達関係が深まります（「色鉛筆を忘れちゃった」「人間コピー」など）。

そのほか、子どもたちが夢中になって取り組みながら、友達とのかかわり方を身につけることができる活動（「サイコロトーク」「アドジャン」）もありますし、自分と同じ考えの友達や違う考えの友達がいることをはっきりと知る活動（「ハートぴったりはだあれ」「四つの窓」など）も、二年生には十分楽しくできます。

低学年では、教師がデモンストレーションや説明をていねいに細かく行うことが大切です。積極的に心の絆をつくる協同活動を実践することで、きっとあたたかい学級づくりが可能になります。

萩原美津枝

スタートダッシュプログラム　低学年
4月前半
出会いを大切に

担任と子どもとの心の絆（リレーション）をつくり、子どもたちの期待を大切にし、不安や緊張を軽くする。

＜こんな時期！＞
・入学式，新入生歓迎会，保護者懇談会，身体測定，授業始め

＜子どもたちは？＞
・新しい教室，先生や友達，教科書やノートなど，見るもの，聞こえる声に，大変敏感。
・「1年生になったら」「2年生になったんだから」と目標を自分の心に秘めている。
・入学した1年生，初めて進級した2年生，ともに期待と不安と緊張が大きい。

＜学級づくりの課題・ねらい＞
・「学校は楽しい。学校に来てよかった」「はりきってスタートしよう」と思えるようにする。
・1年生：学校生活のルール・場所・流れがわかる。「私は山田太郎です」程度の自己表現ができる。1人で教室に入り，大きな声であいさつできる。教師や友達と話したり遊んだりできる。
・2年生：1年生の教室の様子を気にしたり，1年生を教室まで送って行ったりする。元気よく友達と係や当番や日直などの活動を行う。

＜こうする＞
●子どもたちが登校するのを教室で迎え，「おはよう」と声をかける。
●「いい顔してるね。がんばろうって気持ちが見えるよ。お兄さんやお姉さんになったようだね」と子どもの誇らしさを受けとめる。
・エクササイズの例：ジャンケン自己紹介，よろしく握手，自己紹介握手，あいさつリレー，ジャンケンリレー

⇒具体的な進め方は48ページへ

スタートダッシュプログラム　低学年
4月後半
だれとでも仲よく

友達と仲よくできるように，友達とのかかわりをいっぱい体験させる。

＜こんな時期！＞
・縦割りが始まる，春の遠足

＜子どもたちは？＞
・1年生は，学級の友達の名前をだいたい覚え，新しい友達も出来始める。
・2年生は，1年生への学校案内などの活動を通して，上級生としての自覚をもち始める。
・新学期の疲れが出てくる。

＜学級づくりの課題・ねらい＞
・先生や友達と仲よくできるようにする。
・疲れがピークなので配慮する。
・気持ちよく連休に入らせる。
・気になる子へのかかわりを深める。
・自分をもう少し表現できるようになる。

＜こうする＞
●友達と仲よくできるように，友達とのかかわりをいっぱい体験する活動を行う。
・エクササイズの例：こおりおに，キツツキさん，木とリス，名刺交換〔生活科〕，いいとこさがし，先生とビンゴ
●係活動や当番活動で，だれがどんなことをがんばっているのか，忘れていることはないか，いままでしていなかったけどやったほうがよいことはどんなことか，話し合う。
●連休前の学級通信で「まだ始まったばかりだから大丈夫」と伝える。

⇒具体的な進め方は78ページへ

36

スタートダッシュプログラム　低学年
5月前半
学級の友達を知ろう

学級の友達に目を向けさせ，学級づくりを再スタートさせる。

<こんな時期！>
・春の遠足，家庭訪問，運動会練習，初めての席替え，教育相談週間

<子どもたちは？>
・ゴールデンウイークで，学校生活のリズムが崩れ，休み癖がついたりする。
・子ども同士で友達のことについてわかりかけてくる。
・行事に追われて，一人一人の子どもへの配慮が欠けやすい。

<学級づくりの課題・ねらい>
・行事にとけ込める子とけ込めない子への対応。
・長欠への対応。
・休む子への対応。
・1年生：クラスの友達や同じ学年の先生の名前がわかり，言いたいことを伝えられる。休まず，遅刻せずに元気に笑顔で登校する。
・2年生：学年の友達と一緒に仲よくグループ活動できる。元気に笑顔で登校し，放課後も笑顔で下校できる。

<こうする>
●楽しい雰囲気のなかでお互いを知り合う活動。
・エクササイズの例：探偵ごっこ，タイムトラベル，○かな×かな，よいとこみつけ
●友達のことを紹介しあう活動で，本人が気づかない一面を友達から教えてもらったり，相手のことを知ろうとしたりして，友人関係の輪を広げる。
・エクササイズの例：他己紹介，あなたの○○が好き

⇒具体的な進め方は100ページへ

スタートダッシュプログラム　低学年
5月後半
お互いを認め合おう

友達の話を聞いて，自分とは違う友達の気持ちやよさに気づく。

<こんな時期！>
・運動会

<子どもたちは？>
・個性が前面に出て，口げんかや言い争い，教師への告げ口などが増えてくる。
・自分を主張しすぎ，友達の話をきちんと聞かず，衝突が起こる。
・他者はみな自分と同じ考えをもっていると勘違いをしている子どももいる。

<学級づくりの課題・ねらい>
・だれとでもグループになれる。
・全員と話ができる。
・自分勝手な話や行動を少なくして，相手の話に耳を傾けることが大切なことに気づかせる。

<こうする>
●お互いの話を聞くように，教師が声をかける。
●3～5人のグループで言うべきことを正しくみんなに伝えたり，話している人の言うことを最後まできちんと聞いたりする協同作業の機会を増やす。
・エクササイズの例：色鉛筆を忘れちゃった，人間コピー
●自分と同じ考えの友達や違う考えの友達がいることをはっきりと知る活動を行う。
・エクササイズの例：四つの窓

⇒具体的な進め方は122ページへ

こんな時期　ここに注意　これをねらって　これを！

中学年

学級経営の手法には、完全なもの・絶対的なものは存在しない。日々、教師が子どもたちの様子をしっかりと観察して、その都度必要な活動を提案し続けることが必要。

4月前半　出会いを大切に

クラス替えが行われ、新たな気持ちで新学年を迎えた子どもたちにとって、担任は第一に重きをおく特別な存在です。だれもが先生に自分を認めてほしいと思っています。転校生や、まだ上手に人間関係をつくれない子どもにとって、担任は真っ先に好ましい人間関係のつくり方を学ぶ対象となります。いっぽうで子どもたち全員が、「今度の担任は怖いのかな面白いのかな、親しみをもてるかな」と、不安も期待も抱いているはずです。

ですから担任にとって、早めに子どもたちと安心できる心の絆をつくることはとても大切です。何らかの動作を交じえたり、心に残すものを取り入れたりすると、お互いの緊張がやわらぎ、よい印象をいつまでも心に残すことができます。そして、その場で「こういうことをしたら先生はうれしいよ」「こういうことをすると先生でも怒るよ、ルールは大切だよ」といったメッセージを伝えていけばいいのです。

ここでの重要なポイントは、担任が積極的に自分について語り、子どもたちに知ってもらうことです。そして一人一人に、「あなたを大切にしますよ」というメッセージを必ず伝えることです。たくさんの子とふれあうよう心がけてください。自分からは近づくことができずに、担任のほうから来てくれるのを待っている子がたくさんいます。

また、子ども同士の自己紹介では、まず知り合うとする積極的な気持ちをもたせることがねらいです。知り合おうとする楽しい場をつくることで、よい印象での出会いを演出してあげたいものです。仮にうまくいかない場合でも、あせる必要はありません。四月後半以降でもひとりひとりの機会がいくらでもつくれます。こういったことを、深さを変えて繰り返し行うことが大切なのです。

また、クラス替えがなく担任だけが替わった場合や、どちらも前年度のままの場合でも、心の絆づくりはあらためて行う必要があります。新たな学年のスタートに行うことで、子ども同士にとってはあらためて人間関係をつくり直すチャンスとなります。また、担任のいままで知らなかった面を知ることで、子どもは担任に対していっそう親近感を増すことになります。子どもも教師も成長するために、前の学年をダラダラと引きずるのではなく、節目をつくるようにしましょう。そして新鮮な気持ちになって、その学年で好ましい関係を築いていこうと心がけていくことが大切です。

4月後半 だれとでも仲よく

このころ子どもたちが、「〇〇という子が……」といった言い方をすることがあります。名前は知っているけれど、どんな子なのかはよく知らない、そんな子どもへの人間関係の希薄さを感じる言葉です。このような状態を改善することを目標に、

・ふだん親しくない人と知り合い仲よく遊ぶ
・めあてにそったグループ活動を行う

などのねらいにそった活動を行うようにします。例えば「鏡よかがみ」では、あまり話したことのない友達と一緒に同じ動作をすることで、子ども同士の心の絆を広げ、孤立した子、気になる子を少しでも減らしたいものです。そのとき、動作を命令したりされたりする役割を体験させ、役割意識をもたせることで、新しい学級の中での自分の位置をつくることもねらいます。係活動などは、この延長にもってくればよいと考えます。

こういった目標のために、「集中して短時間でできる」「繰り返しても面白い」といった条件に合うショートエクササイズを毎日行うと効果的です。こうした活動を日々積み重ねていくことは、人間関係の不安をやわらげ、気持ちよく連休に入らせる効果も期待できます。

5月前半 学級の友達を知ろう

四月、子どもたちは緊張しながら「自分」を保っていました。しかし、連休で学校と離れると、緊張して過ごす学校よりも家のほうが楽でよい、という子も出てきます。また、いままで我慢して隠してきた本来の自分が出てきて、けんかなどのトラブルを起こす子も現れます。原因としては、学級内に気の合う友達が見つからない、よりどころとなる居場所が感じられない、といったことが考えられます。そこで、

・一人ではできないことも、友達と協力することでやり遂げられることに気づき、友達や自分のよいところに気づく
・自分の力が役に立つうれしさを味わう

こうしたねらいをもつ活動をいくつか行うことが大切になります。グループ対抗のエクササイズ（「サッカージャンケン」など）はとても盛り上がるので、おすすめです。

ただし内容によっては、言いたいことがうまく説明できない、うまくいかないとばかにされたと思って感情的になる、負けると悪口や暴力をふるったりするなど、参加を嫌がる子が出てきます。そのため、

・全員参加やねらいの完全達成、つまりパーフェクトをめざさない

といったあても必要です。これは、学級経営を行う担任にもいえることです。人間関係は、これをやったから絶対うまくいくというものではありません。三歩進んで二歩さがるものの歩みのように、少しずつよくなっていくのです。それを信じて、かかわりを「続ける」ことが、徐々によい人間関係をつくるのです。

・いろいろな人と平気でグループをつくれることをねらった活動を行います（「共同絵画」「団結くずし」「コーヒーポット」など）

聞いているかなど、教師がしっかりと観察する必要があります。また、すでに出来上がっている小グループが、好ましい仲よし集団とは限りません。特に女子は排他的ないじめや不登校につながりやすく、ひどくなるといじめや不登校につながるおそれがあります。そのためには、

・自分と同じ好みや考えの友達を見つけたり、違う考えのほうがいいときもあること

に気づく

5月後半 お互いを認め合おう

このころ注目することは、個々の子ども同士の関係や交友関係の広がり、力関係や孤立した子の存在などです。子どもたちが全員と話せているか、どの子の発表でも同じ態度で聞いているかなど、教師がしっかりと観察する必要があります。

高橋　章

スタートダッシュプログラム　中学年

4月前半
出会いを大切に

担任と子どもと，子どもたち同士の心の絆（リレーション）をつくる。

＜こんな時期！＞
・クラス替え，入学式，新入生歓迎会，保護者懇談会，身体測定，授業始め，係決め，委員会活動始め，掲示物作り，給食の工夫

＜子どもたちは？＞
・新しいクラスで，だれもが先生に自分を認めてほしいと思っている。
・「今度の担任は怖いのかな面白いのかな，親しみをもてるかな」と不安と期待を抱く。

＜学級づくりの課題・ねらい＞
・節目をつくり，新鮮な気持ちでスタートする。
・役割とルールの必要性とその意義がわかる。
・3年生：担任と子ども，子ども同士のふれあいの場を多くつくり，子どもたちが安心できる心の絆をつくる。
・4年生：あらためて人間関係をつくり直す。

＜こうする＞
●担任が積極的に自己開示して自分を知ってもらう。「○○をすると先生はうれしい」「△△をしたら先生でも怒るよ。ルールは大切だよ」などと，アイメッセージを用いて伝える。また一人一人に「あなたを大切にしますよ」と伝える。
●教師と子どもたちが一緒にふれあい，楽しく大声が出せる遊びをする。
・エクササイズの例：ジャンケンおんぶ，何でもバスケット，後出しジャンケン，自己紹介○×クイズ，先生紹介ビンゴ

⇒具体的な進め方は48ページへ

スタートダッシュプログラム　中学年

4月後半
だれとでも仲よく

友達と仲よくできるように，友達とのかかわりをたくさん体験させる。

＜こんな時期！＞
・縦割り始まる，春の遠足，授業での見きわめ，学級の大勢が動き出し見直しをする，先生と話し合おう教育相談週間

＜子どもたちは？＞
・名前は知っているけれど，どんな子なのかはよく知らないといったように，人間関係が希薄な状態。

＜学級づくりの課題・ねらい＞
・連休前に友達とよい関係をつくる。
・間違いを恐れず，冷やかさず話し合い，話す・聞くに慣れる。
・めあてにそったグループ活動を行う。
・疲れがピークなので配慮する。
・気になる子へのかかわりを深める。

＜こうする＞
●あまり話したことのない友達と一緒に同じ動作をさせ，子ども同士の心の絆を広げ，孤立した子，気になる子を減らす。
・エクササイズの例：体育で手つなぎおに・拍手で集まれ
●短時間で繰り返せる面白い活動を毎日行う。
・エクササイズの例：名刺交換，自分を何と呼んでほしいか，あなたはレポーター，ひとことキャッチボール，ねえどっちがいい

⇒具体的な進め方は78ページへ

スタートダッシュプログラム　中学年
5月前半
学級の友達を知ろう

学級の友達に目を向けさせ，学級づくりを再スタートさせる。

＜こんな時期！＞
・春の遠足，家庭訪問，運動会練習，初めての席替え，教育相談週間

＜子どもたちは？＞
・連休で学校と離れ，学校よりも家が楽でよいという子や，本来の自分が出て，けんかなどのトラブルを起こす子も現れる。学級内に気の合う友達が見つからない，よりどころとなる居場所が感じられない，などが原因。

＜学級づくりの課題・ねらい＞
・自分はこの学級，このグループの一員であることを感じて，居場所ができる。
・1人ではできないことも，友達と協力することでやり遂げられること，自分が人の役に立つ喜び，仲間に支えられていることを感じる。友達や自分のよいところに気づく。
・学級の仲間にとってよいこととは何であるかわかり，すすんでいく。
・学級づくり再スタート。
・行事に適応できない子への対応。
・長欠への対応。

＜こうする＞
●一緒に協力するなかで，お互いに相手を知り合えるものを行う。
・エクササイズの例：サッカージャンケン，ご指名です，タイムトラベル，いいとこさがし，聖徳太子ゲーム

⇒具体的な進め方は100ページへ

スタートダッシュプログラム　中学年
5月後半
お互いを認め合おう

友達の話を聞いて，自分とは違う友達の気持ちやよさに気づく。

＜こんな時期！＞
・運動会

＜子どもたちは？＞
・子ども同士の交友関係が広がり，力関係や孤立した子が見え始める。全員と話せているか，どの子の発表でも同じ態度で聞いているかなどを観察することで見えてくる。
・出来上がった小グループが好ましい状態とは限らない。特に女子は排他的な仲よし集団ができやすい。

＜学級づくりの課題・ねらい＞
・みんな違ってみんないいことに気づく。自分の考えや思いを恥ずかしがらずに表す。
・自分と友達との相違に気づき，友達の思いに共感してなごやかな学級づくりをする。
・友達の話を聞いて，もっと友達を知ろう。
・だれとでもグループになれる。
・全員と話しができる。

＜こうする＞
●自分と同じ好みや考えの友達を見つけたり，違う考えのほうがいいときもあることに気づく活動を行う。
・エクササイズの例：四つの窓，コーヒーポット
●さまざまな友達とふれあえる活動を行う。ただし，活動の参加を嫌がる子どもに配慮して，「パーフェクトをめざさない」といっためあても必要。
・エクササイズの例：共同絵画，団結くずし

⇒具体的な進め方は122ページへ

こんな時期　ここに注意　これをねらって　これを！

高学年

委員会活動、下級生の指導など、学校の中でリーダーとなる高学年。よりしっかりと自分を見つめ、友達を見つめ、確かな人間関係づくりができるような学級をめざしたい。

4月前半　出会いを大切に友達を増やそう

五年生はどこの学校でもクラス替えがあります。友達や先生との新しい出会いで、子どもたちの心にはいろいろな不安があるはずです。半面、新しい学年で新たにがんばろうという張りきった気持ちも、もち合わせていることでしょう。

そこで、友達や教師との心のつながりづくりを大切にして、早く学級に自分の居場所をつくってやることが大事です。自己紹介や他己紹介などのゲームで楽しく級友と接しながら、あたたかい人間関係を体験できるといいと思います。

同時に、クラス替えの後は、朝の会・帰りの会の仕方、給食の仕方など、以前所属していたクラスによって微妙に違うところがありますから、その調整をする必要があります。どの子も自分の元のクラスのやり方に慣れているはずですから、じっくり話し合いをして、新しいクラスの方法を教師と子どもたちとで決めていくとよいと思います。

六年生は、クラス替えもなく担任ももち上がりのケースが多く、子どもたちは安定した状態のなかで新学期を迎えられるでしょう。そのぶんマンネリで緊張感のない学級にならないよう、気をつけたいものです。また最高学年として、一年生に朝の時間を利用して校歌を教える、給食や清掃の手伝いに行く、縦割りのリーダーとなるなど、最上級生の自覚が子どもたちの心の中に芽生え、高められる活動が多くあります。

そこで、この時期こそ、自分を見つめ直す活動からスタートするとよいでしょう。また、自分だけでなく友達の個性も見直すという活動も大切だと思います。最高学年になりがんばろうとしている自分や友達を発見するということで、これからの学校生活を意欲的に過ごせるはずです。

4月後半　だれとでも仲よくみんなで楽しく

この時期は、委員会やクラブ、縦割り活動など、さまざまな活動が実際にスタートします。五年生にとっては、初めての委員会です。委員会の意義や参加態度について、しっかり話し合う必要があるでしょう。

また、クラス替えをしたばかりのこの時期は、友達関係が希薄です。学級全体での話し合いでは、なかなか自分の考えを主張できない子や、逆に自分ばかりを前面に押し出してしまう子がいると思います。そこで、小グループで話し合うのも一つの方法です。全体ではなかなか自分の意見を言えない子も、小グループでは意見を言いやすいからです。ま

六年生の子どもたちは委員会活動やクラブ活動でリーダーシップを育てておきましょう。この時期にリーダーになるので、友達とのトラブルで気まずくなったとき、どうしてよいかわからない、耐えられないといった、人間関係能力が低い・未熟な子がいます。リーダーは、たくさんの仲間たちをまとめていかなければならず、人とのかかわりのなかで、多少嫌なことがあっても耐えていかなければなりません。そこで、人間関係がスムーズにいくよう友達との心の絆づくりをしたり、自分を見つめ直したり、友達を理解したりする活動を引き続き行いたいものです。

また、子どもが自分の力を信じ、その力を十分に発揮できるのは、自己肯定感のあるときです。友達とお互いのよいところを見つけ合ったり、自分で自分のよいところを見つけたりできる活動を行うとよいでしょう。人間関係トレーニングにも、子どもたちに自己肯定感をもたせるためにも、構成的グループエンカウンターは有効な手法です。

そしてこの時期、忘れてはならない大事なことがあります。連休前対策です。連休後に休み癖がつかないよう、友達との心の絆づくりをしておきたいものです。特に五年生はクラス替えの後なので、まだ新しい学級の雰囲気に慣れずに一人ぽつんといる子には、教師が忘れずに言葉かけをしましょう。

5月前半　学級の友達を知ろう

連休明けは、本格的に学校生活がスタートします。そうなると、学習や係活動などグループでの活動が多くなり、もめごとも起こってきます。学校によっては運動会などグループでの活動が多くなり、トラブルも発生しやすくなります。

そこで、友達の思いや考えに直接ふれられる集団活動（「いいとこさがし」「無人島SOS」など）を実施し、お互いの思いや考えを理解しあうことが大切です。友達が何を思い、何を考えているかを理解することで、気持ちが落ち着いてきて、自分が何をしたらよいかがわかり、また、友達のことも受け入れやすくなります。

また連休明けは、不登校や不適応の出る時期でもあります。しっかり子どもたちと向き合うことが大切です。まずは問題がある場合には、一人で抱え込まず周りの先生方に相談したり、学年や学校体制全体のなかで対処する必要があります。

5月後半　お互いを認め合おう　みんな違ってそれでいい

五月も後半になると、学習も軌道に乗り、係活動、委員会活動、クラブ活動とさらに友達との交流が盛んになります。そういった時期には、お互いの違いを知り、みんな違っていいことを理解して認め合う活動（「四つの窓」「いいとこさがし」「友達再発見」など）や、グループで協力しあうような活動（「聖徳太子ゲーム」など）を行うことで、友達とのリレーションづくりを進めていくと、お互いの思いや考えを尊重しあえるあたたかいクラスの雰囲気ができてきます。

また、宿泊を伴う行事（林間学校や修学旅行）が実施される学校もあるでしょう。学級づくりにはもってこいのイベントです。「友達との協力」「学級・学年の団結」をねらいに、さまざまな人間関係づくりの集団活動を行うことで、集団の凝集性を高めます。特に移動先での大きな行事の後に、全員で感じていることをていねいに語り合うと、子どもたちの人間関係や集団の状態が大きく向上していきます。

この時期は、それぞれのクラスカラーが出てきます。各クラスのよいところを学年内で情報交換し、互いに伸ばし合うのも大切です。

平田 元子

スタートダッシュプログラム　高学年
4月前半
出会いを大切に

担任と子どもと，子どもたち同士の心の絆（リレーション）をつくる。

<こんな時期！>
・クラス替え，入学式，新入生歓迎会，保護者懇談会，身体測定，授業始め，係決め，委員会活動始め，掲示物作り，給食の工夫

<子どもたちは？>
・5年生：クラス替えで，新しい友達や先生と出会い，不安とがんばろうと張りきった気持ちが共存。
・6年生：クラス替えもなく安定しているが，緊張感のない学級になる不安もある。

<学級づくりの課題・ねらい>
・5年生：新しい友達，先生と早く仲よくなって，学級に自分の居場所をつくる意欲的な気持ちをもち続ける。朝の会・帰りの会，給食の仕方など，以前所属していたクラスとの違いを調節する。
・6年生：最高学年としての自覚をもたせる。忙しい行事を友達と協力してこなす。

<こうする>
●自己紹介や他己紹介などのゲームで級友と接しながら，あたたかい人間関係を体験する。
・エクササイズの例：質問ジャンケン，インタビュー，先生ウォッチング，1分間スピーチ，いいとこさがし，そうですね
●自分自身を見つめ直す活動，友達の個性も見直す活動で，最高学年になりがんばろうとしている自分や友達を発見する。
・エクササイズの例：私の誓い，ひとことキャッチボール

⇒具体的な進め方は48ページへ

スタートダッシュプログラム　高学年
4月後半
だれとでも仲よく

友達と仲よくできるように，友達とのかかわりをいっぱい体験させる。

<こんな時期！>
・委員会やクラブ，縦割り始まる，春の遠足，授業での見きわめ，学級の大勢が動き出し見直しをする，先生と話し合おう教育相談週間

<子どもたちは？>
・クラス替え直後は友達関係が希薄。学級全体での話し合いでは，自分の考えを主張できない子，自分を前面に押し出してしまう子などがいる。

<学級づくりの課題・ねらい>
・委員会やクラブで，自分や友達の思いや考えを上手に伝え合える。
・連休後に休み癖がつかないよう，友達とよい関係をつくっておく。
・自己肯定感を高め，自分の力を信じ，その力を十分に発揮する。
・5年生：新しい学級に慣れない子どもに留意する。
・6年生：リーダーシップを育てる。人とのかかわりで，多少嫌なことがあっても耐えていけるよう，友達との心の絆をつくり，自分を見つめ直し，友達を理解する。

<こうする>
●5年生は初めての委員会で，委員会の意義や参加態度についてしっかり話し合う。
●全体ではなかなか自分の意見を言えない子に配慮し，小グループの話し合いを行う。
●互いによいところを見つけ合う活動を行う。

⇒具体的な進め方は78ページへ

44

スタートダッシュプログラム　高学年
5月前半
学級の友達を知ろう

学級の友達に目を向けさせ、学級づくりを再スタートさせる。

<こんな時期！>
・春の遠足，家庭訪問，運動会練習，初めての席替え，教育相談週間

<子どもたちは？>
・連休明け，学習や係活動などグループでの活動や学校行事が多く，友達とのかかわりが増え，もめごとも起こりやすい。
・不登校や不適応の出やすい時期。

<学級づくりの課題・ねらい>
・友達の思いや考えを理解しあうことで，自分が行うべきことがわかり，友達を受け入れる。
・新学期のやる気を持続して，本格的なスタートで生かす。
・役割を通して居場所をつくる。
・学級づくり再スタート。
・休む子，行事に適応できない子への対応。

<こうする>
●友達の思いや考えに直接ふれる集団活動などで，お互いに考えを述べ合う，聞き合うように進める。
・エクササイズの例：いいことさがし，印象ゲーム，無人島SOS，ペアでつくるチェーンストーリー，サイコロトーク，スゴロクトーク
●子どもたちと向き合い，問題を早期発見。問題には，周りの先生方に相談したり，学年や学校体制全体で対処する。

⇒具体的な進め方は100ページへ

スタートダッシュプログラム　高学年
5月後半
お互いを認め合おう

友達の話を聞いて，自分とは違う友達の気持ちやよさに気づく。

<こんな時期！>
・運動会，宿泊を伴う行事

<子どもたちは？>
・学習も軌道に乗り，さらに友達との交流が盛んになる。
・クラスカラーが出てくる。
・学級づくりに絶好の宿泊を伴う行事がある。

<学級づくりの課題・ねらい>
・自分と友達との相違，よいところに気づく。
・みんな違ってみんないい。自分の考えや思いを恥ずかしがらずに表す。
・だれとでもグループになれる
・相手の気持ちを思いやることができる。

<こうする>
●各クラスのよいところを学年内で情報交換し，互いに伸ばしあう。
●お互いの違いを知り，みんな違っていいことを理解して認め合う活動。
・エクササイズの例：四つの窓，いいとこさがし，友達再発見，Xさんからの手紙，好きなもの好きなこと，サイコロトーク
●グループで協力しあうような活動
・エクササイズの例：聖徳太子ゲーム
●移動先での大きな行事の後に，全員で感じていることをていねいに語り合う。

⇒具体的な進め方は122ページへ

column 3

学級づくりにとっての構成的グループエンカウンター

諸富 祥彦

学級づくりに役立つカウンセリングの手法。その代表格は、何といっても構成的グループエンカウンターです。
では、グループエンカウンターはどんなふうに学級づくりに役に立つのでしょうか。言葉を換えれば、グループエンカウンターは学級づくりのうえでいかなる効能があるのでしょうか。そのいくつかを列挙しておきたいと思います。

①クラスの中での孤立化を防ぐ

クラスの中で、「一人ぽつんとしている子ども」が、多くのクラスで見られるようになりました。以前であれば友達くらいほっておいてもつくれるものでしたが、いまでは教師がそれなりのきっかけを与えなければ友達をつくれない子どもが少なくありません。友達づくりのきっかけを提供するところまでは、教師の責任なのです。そしてその最も効果的な手法が、四〜五月に行うグループエンカウンター、とくにリレーションづくり系のエクササイズです。

②グループの固定化を防ぐ

小学校高学年から中学校、高校にかけて、友人グループの固定化は学級経営上、実にやっかいな問題です。とくに女子のグループの固定化は大きな問題で、スクールカウンセラーをしている私のもとにも、グループ間の争いによる悩みで訪れる相談者がひっきりなしです。ときには激しいいじめにつながることもあります。年度始めのエクササイズには、このグループの固定化を防ぐ機能があります。

③クラスの雰囲気をポジティブに

教師はどうしても、クラスの団結を乱す目立った行動をとる児童に目がいきやすくなります。児童のマイナス行動に着目して抑えつける――教師の発言がそのための言動になりやすいのです。
その結果、クラスの雰囲気が、マイナス志向のネガティブなものに傾きやすくなります。そしてこれが強くなりすぎると、しだいに子どもたちが「学校に行っても楽しくない」と思い始めてしまうのです。不登校児童続出ということにもなりかねません。
「いいとこ探し」に代表されるように、グループエンカウンターは、教師が個々の児童をポジティブな視線で見ていきますし、児童同士もお互いをポジティブなまなざしで見る習慣をつけていくのです。

④クラスの一体感を強める

二学期、もうすぐ体育祭、合唱コンクールなどのイベントがめじろ押しだというのに、どうもクラスの中に一体感がない。こんなときには、協力系のエクササイズがクラスの一体感の育成を助けてくれます。

教師はどうしても、子どもを「クラス集団の一員」としてみる傾向が強いものです。

chapter 4

第4章

いますぐできる スタートダッシュ

4月前半　出会いを大切に

4月後半　だれとでも仲よく

5月前半　学級の友達を知ろう

5月後半　お互いを認め合おう

すてきな「学級びらき」

学級びらきでは、子どもたちと印象深く出会いたいものです。新しく出会った子どもたちとどう人間関係を結んでいくか、どんな学級をつくっていくか。新しい年度が始まる四月は、学級担任の腕の見せどころです。

もちろんもち上がりの学級でも、子どもも担任も新鮮な気持ちでスタートをきりたいものです。

まずは、学級目標の設定

学級目標は、一人一人の子どもの願いや目標を反映し、さらに担任の学級経営方針が反映できるように、子どもたちの実態に即しながらも、話し合いで決めるのがよいでしょう。

その際、「努力すれば達成できるもの」にすることが大切です。そして、一度決めたからといって目標を一年間通して固定するのではなく、達成されたら次の目標を設定するなど、柔軟に考えるように

しましょう。

また、学級経営案は、学級目標を具現化するものとなるよう配慮することが大切です。特に、学級が一人一人の子どもの「心の居場所」となるように考えることは基本です。

担任に求められるもの

良好な学級風土を形成するには、次のような経営技術の獲得が必要です。

① 受容的な人間関係づくり
② 多様な価値観の尊重
③ 開かれた学級をめざす

そのためには、人間関係づくりの深まりが必要です。その大きな要素となるのが、「子どもが期待する教師像」です。

① 自分のことをよくわかってくれる
② ひいきをしない
③ わかりやすい授業をする
④ ユーモアがある

このなかでたりないものを取り入れようとする担任の努力が、子どもたちとの人間関係づくりを深める第一歩です。

4月前半　出会いを大切に

西村　幸子

column 4

学級経営のための カウンセリングとは

諸富 祥彦

数年前までは、「学級経営」と「カウンセリング」とは、ほとんど無関係なもののように考えられてきました。しかしここ数年、全国の教育カウンセラーから私のもとに、「学級経営のためのカウンセリング」とか、「カウンセリングを生かした学級経営」といったテーマでの講演依頼が殺到しています。

なぜでしょうか。

カウンセリングとは、必ずしも心理的疾患を抱えた子どものための「治すカウンセリング」に限らないのです。学校現場で求められているカウンセリングとは、むしろすべての子どもたちのための「育てるカウンセリング」であるとの認識が、全国の指導主事の間に広まっていったからです。そしてその「育てるカウンセリング」の目玉商品としてあげられるのが、構成的グループエンカウンターにほかならないのです。

構成的グループエンカウンターには、①子どもたちの間に心あたたまる人間関係（リレーション）をつくる、②クラスのメンバーの間に一体感を生じさせる、③友人関係の固定化を防ぐ、などさまざまな効果があります。学級経営に使えるカウンセリングの具体的手法といえば、何といっても構成的グループエンカウンターなのです。

ところで、学級経営に使えるカウンセリング手法は、構成的グループエンカウンターだけではありません。ある調査によれば、カウンセリング研修を受けた教師のクラスの子どもたちは、教師に受け入れられていると感じており、そのことにより心の安定度も高いとされています。すべての子どもに安心感と被受容感を与える関係づくり。そのために有効なカウンセリングの手法は、何といってもロジャーズのパーソンセンタードアプローチです。

もう一つ、学級経営に使えるカウンセリング心理学としてぜひおすすめしたいのが、アドラー心理学です。個人心理療法をもとに考え出されたほかの多くのアプローチとは異なり、アドラー心理学は、非行少年の集団などと取り組むことから生まれたものなのです。したがって、アドラー心理学には、学級集団の中で起こる問題を扱っていくうえで、示唆に富む数多くのエッセンスがちりばめられているのです。

例えば、アドラー心理学の基本法則の中に、「不適切な行動には着目しすぎな」というものがあります。不適切な行動（例：授業中にふざけるなど）を行う子どもの多くは、教師からの注目・関心を欲しているのです。ですからそこで教師が注目してしまうと、その不適切な行動はますます増長されてしまうのです。クラスの荒れの初期症状に苦しむ教師には、大変役立つ戦略です。

君たちの担任になれてとってもうれしいです

明里 康弘

4月前半 出会いを大切に

図書文化小学校3年1組担任

明里 康弘
（あかり やすひろ）

☆何でもお話を聞きます券
　有効期限　3年生の時

手作りの名刺の例

［作成のポイント］
・色画用紙に印刷し，名前は手書き。
・「もらって得する券」をつける。

（吹き出し）
- 君たちの担任になれてうれしいです
- いじめはゆるさない
- 山田君だね　一緒にがんばろうね
- ウン！

時間・場所
・始業式直後，15分間，教室

準備
・自己紹介の練習
・教師の手作り名刺（人数分）

流れ
・教師が「出会いの喜び」「教師のやる気」「みんなの応援者であること」を具体例を入れて語る。
・教師が自己紹介をする。
・握手しながら一人一人に手作り名刺を渡す。

出典
・著者がふだん行っている自己紹介に，「名刺カード」をプラスした。

ねらい
●最初の出会いで教師に「好感」をもつ。
●担任が，「やる気のある先生」「あなたの応援者である先生」であることを知り，期待をもつ。

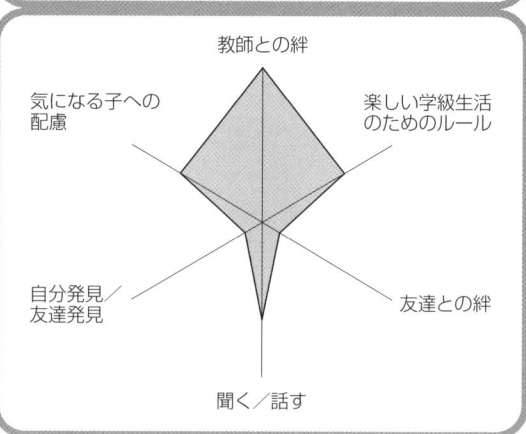

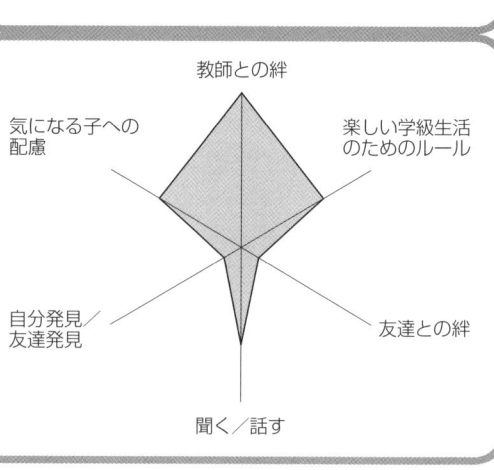

低／中／高

（レーダーチャート：教師との絆／楽しい学級生活のためのルール／友達との絆／聞く／話す／自分発見・友達発見／気になる子への配慮）

展開例 （3年生）

	教師のセリフ（★），指示（●）	児童のつぶやき（☆），留意点（・）
自己紹介する	<名前をわかりやすく伝える> ★君たちの担任になった「あかり」です。「あかり」という字は，明るいの「明」という字に，ふるさとの「里」を書きます。 ●黒板に名前を書く。 <学級に対する意欲と自分自身のことを話す> ★みんなと一緒に，なんでも挑戦する楽しい学級にしていこうと思っています。先生がいま挑戦していることは，毎朝ちゃんと顔を洗うこと，夜は縄跳び10分を続けることです。 <担任になってよかったとメッセージを送る> ★昨年の担任の先生から，みんなのことを教えてもらいました。面白い子，SMAPの好きな子，△△な子など，とてもよい子が多いですよと聞いています。君たちの担任の先生になれて，とてもうれしいです。 <応援者であることを伝える> ★困ったことがあったら，どんなことでも応援するので先生のところに言いにきてください。 <学級のルールにふれる> ★それからね。先生のモットーは「いじめは絶対に許さない」ということです。	・お気に入りの場所，春を感じさせる場所で行うのもよい。 ・全員で写真を撮るのもよい。 ☆面白い名前。聞かないと読めないよ。 ☆先生もがんばるんだ。縄跳びをするのは，ちょっと太めなのを気にしているのかな。 ☆私たちのことを知っているんだ。よい子と思ってくれてるんだ。 ☆助けてくれる先生なんだ。 ・心情を明かす形で伝える。 ☆よかった。いじめられたら先生に言おう。安心して学校に行けるね。
名刺カードを配る	★では，出席番号順に1人ずつ前へ出てきてください。みんなにプレゼントがあります。 ●①笑顔で，②目と目を合わせて，③握手をしながら，③「よろしくね」または「名刺カードを持って話しに来てね」，「がんばろう」「仲よくしよう」などと言いながら，できるだけ全員に対して同じように，かつすばやく渡す。最初の違いを子どもたちは敏感に感じ取る。	・名刺に「□□君へ」「△△さんへ」と個人名を書いておく。 ☆面白いカード。私の分もあるんだ。先生にも渡したいな。 ☆すぐ動く先生のようだ。
まとめ	★何か先生に言いたいことがある人はいますか。今日の先生の自己紹介に感想のある人はいますか。 ★一人一人と握手して，ますますみんなと一緒にやっていける感じがしました。明日からよろしくお願いします。 ★明日は，みんなにも自己紹介をしてもらいたいと思います。	☆今日は感想を言うのは恥ずかしいな。明日の自分の紹介を考えよう。 ・最初の日は単純明快に。詳しくは次回でよい。

たくさんの友達と話してみよう

柳澤 典子

4月前半 出会いを大切に

ジャンケン・クエスチョン

テーマ [　　　　　　　　　　　　　　]

（名前）_____は，(　　　) が好きです。よろしくね！

名　前				
好きなもの				
名　前				
好きなもの				
名　前				
好きなもの				
名　前				
好きなもの				

ふりかえりカード

名前（　　　　　　　）

1．たくさんの友だちとジャンケンできましたか。
　　よくできた　　できた　　あまりできなかった　　できなかった

2．自分のことを元気よく言えましたか。
　　よく言えた　　言えた　　あまり言えなかった　　言えなかった

3．このゲームは楽しかったですか。
　　とても楽しかった　楽しかった　あまり楽しくなかった　楽しくなかった

4．感じたことを書きましょう。

時間・場所
・休み時間前，30分，教室など

準備
・カードとシール（人数分）
・配慮を要する子を把握しておく。
・振り返り用紙，筆記用具

流れ
・質問したいことのテーマを各自で決める。
・2人組になってジャンケンし，勝った子がテーマにそって相手に質問をする。相手の答えはカードに記入し，負けた子からシールを貼ってもらう。
・握手をして別れ，それぞれ次の相手に進む。

出典
・赤川智子「質問ジャンケン」國分康孝監修『エンカウンターで学級が変わる　小学校編』図書文化

ねらい
●たくさんの友達と楽しくふれあうことで，新学期における人間関係の緊張をやわらげる。
●友達との共通点や，友達の新しい面を知ることで，交友関係を広めるきっかけをつくる。
●自分からすすんで相手に声をかけ，またかけられたら気持ちよく応じる体験をする。

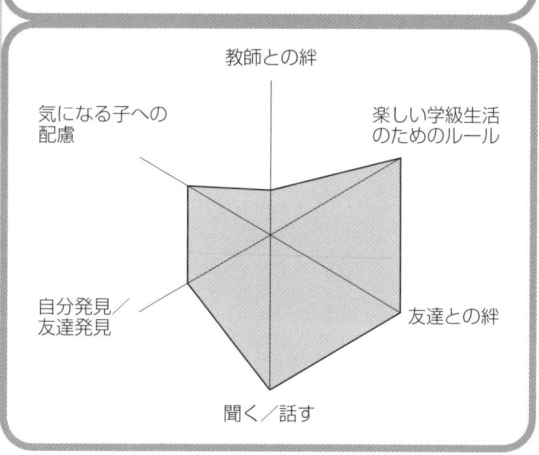

低／中／高

レーダーチャート：教師との絆／楽しい学級生活のためのルール／友達との絆／聞く／話す／自分発見／友達発見／気になる子への配慮

展開例 （2年生）

	教師のセリフ（★），指示（●）	児童のつぶやき（☆），留意点（・）
ねらい	●机といすを片づけ，教室の中を自由に歩き回れるようにする。 ●カードとシールを配る。カードは首から下げる。 ★新学期が始まって何日かたちましたが，毎日お友達と楽しく過ごせていますか。まだあまり遊んだことのないお友達も何人かいることと思います。さて，胸に下げているみんなのカードを見てごらん。一人一人の名前が書いてあるね。 ★そうです。これはクラス全員の名前です。今日はカードを使った「ジャンケン・クエスチョンゲーム」をして，できるだけたくさんのお友達から，いろいろな発見をしましょう。 ★みんなは質問したいことにどんなテーマを書いたかな。ジャンケンに勝つと，相手に質問ができてシールももらえるよ。	・あらかじめカードには，クラス全員の名前を記入しておく。 ☆名前は知ってるけど遊んだことはない子がいるよ。 ☆クラス全員の名前だね。 ・友達に質問したいテーマを，カードに書き込んでおく。テーマの例は，好きな食べ物，得意なスポーツ，将来の夢，好きなテレビ番組やゲームなど。
説明・活動	★やり方を説明します。まず初めに，近くの人と2人組になってジャンケンをします。勝った人は，「○○（名前）です。私(僕)の好きな□□は△△です。よろしくね」「あなたの好きな□□は何ですか」と質問をします。負けた人は，自分の名前を言ってから質問に答えて，勝った人のカードにシールを貼ってあげましょう。負けた人はシールはもらえません。最後に2人で握手をしたら，次のお友達へと進みます。 ★シールをもらったところには，答えも書いておきましょう。ジャンケンに負けてしまった人は，「名前」の欄にある相手の名前に丸をつけて，「好きなもの」のところは空欄のままにしておきます。 ★時間は15分間です。さあ，カードがシールでいっぱいになるように，早くジャンケンの相手を見つけましょう。 ★2人組ができましたか。では始めましょう。 ●恥ずかしがったり，とまどったりして自分から声がかけられない子は，まず教師がジャンケンに誘う。教師と1回ジャンケンした後，次の子へと進めるように支援する。 ●同性や仲よしの子にしか声がかけられない場合は，教師が一緒になって相手を見つける。	☆だれとジャンケンしようかな。仲よしの○○ちゃんがいいな。 ☆よし勝つぞ！ あんまり話したことのない子にしよう。 ☆ジャンケンに勝ったら，相手の答えをカードに書いて，シールを貼ってもらうんだね。 ・時間は適宜調整する。 ☆先生に勝ったよ。好きな色は僕と同じ青だ。次は○○ちゃんとだ。 ☆先生と一緒なら恥ずかしくないよ。
まとめ	★今日はここでストップ。カードはどうなったかな。 ●何人かのカードを紹介し，感想を聞いてみる。 ★全員とジャンケンできた人もいるよ。すてきですね。○○ちゃんは□□ちゃんと初めて話ができて，遊ぶ約束までしちゃったんだって。みんなはどうだったかな。新発見があった？ 今日のゲームで思ったことを振り返りカードに書いてください。 ★みんなのことをたくさん知ることができましたね。続きをまた今度の時間にしましょう。	☆△△君がサッカーが得意だって知らなかった。今度一緒にやる約束をした。 ☆初めは恥ずかしかったけど，だんだん楽しくなってシールも増えてうれしかった。 ・記入している様子を見て回り，新発見をした子，配慮を要する子などのカードを紹介する。 ・外遊びの休み時間へとつなげ，自然な交流を促したい。

いろいろな相手とグループになろう

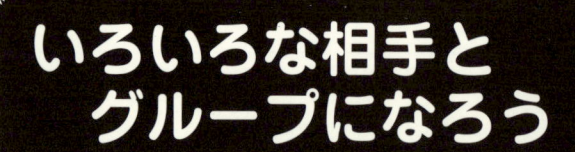

髙橋　哲成

4月前半
出会いを大切に

全員が移動して、新しいオスオリ・メスオリ・ゴリラの組になる

メース　オース

オリはジャンケンをしてオス、メスを決め相手を探す

ゴーリゴーリ

ゴリラもオリを探す

地震がきたぞ

オーリオーリ

オリが別のゴリラを探す

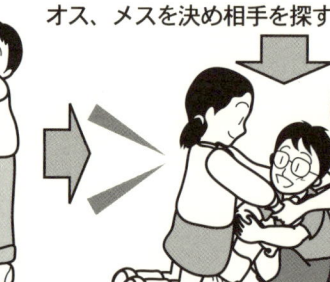

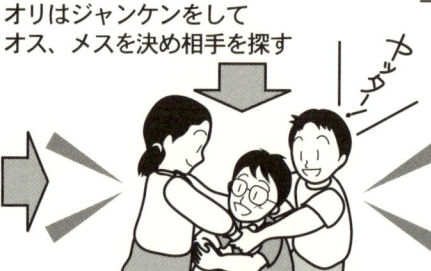

早くオリを見つけよ

ゴーリゴーリ

ゴリラが別のオリを探す

園長がきたぞ

台風がきたぞ

時間・場所
・学活，40分，オープンスペース

準備
・3人組がちょうどできるように調整

流れ
・拍手の数に合わせてグループをつくる。
・3人組になり，ゴリラ役1名とオリ役2名（オスオリ1名，メスオリ1名）を決める。
・3種類のコールで決められた役が動き，新しい3人組をつくる。
・感想を話し合う。

出典
・山宮まり子「ゴリオリゲーム」國分康孝監修『エンカウンターで学級が変わる　小学校編』図書文化

ねらい
● 多くの友達とふれあうことで，新しい集団に対する緊張をやわらげる。
● 集団で遊ぶことの楽しさや面白さを味わう。
● 必ずグループになれる安心感から，互いを大切にしていこうとする気持ちを高める。

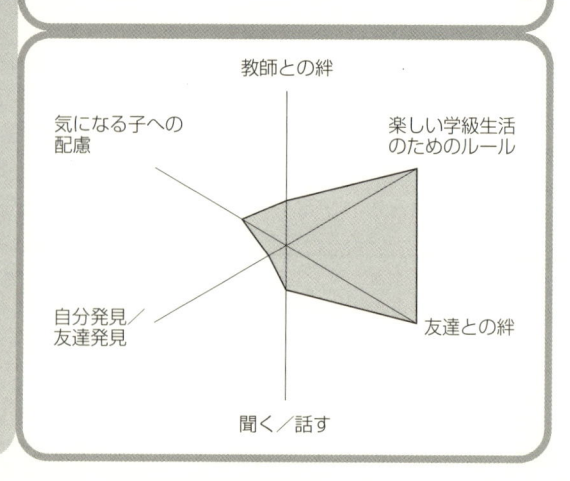

低　中　高

教師との絆／楽しい学級生活のためのルール／友達との絆／聞く・話す／自分発見・友達発見／気になる子への配慮

展開例 （3年生）

	教師のセリフ（★），指示（●）	児童のつぶやき（☆），留意点（・）
ねらい	★今日は，みなさんとゲームをして楽しく過ごしたいと思います。新しい仲間や先生と少しでも早くうちとけて，楽しい雰囲気のクラスになるように，いろいろな人とふれあいましょう。	☆どんなゲームだろう。 ☆人とふれあうってどんなことだろう？
説明・活動	＜集合ゲーム＞ ★これから先生が「大きな拍手」と言って拍手を1回。もう一度「大きな拍手」と言って拍手を2回。次に「ソレー」と言って拍手を何回かします。みんなは拍手の回数をよく聞いて，その人数ですばやくグループをつくって座りましょう。 ●数回行い，最後は3人組で終わる。 ＜ゴリラとオリ＞ ★次に「ゴリラとオリ」というゲームをします。いまの3人組からゴリラ役を1人決めてください。ゴリラはこんなふうに（両手で胸をたたきながら）「ゴーリゴリ」と力強く歩きます。 ●教師がゴリラのまねをして子どもたちを喜ばせ，全員でゴリラの動きとコールを練習する。 ★ほかの2人はオリをつくります。向かい合って両手をつなぎ，屋根のようにしてゴリラを中に入れます。 ★ゴリラは「園長さんが来たぞ！」というコールがあったら，さっき練習したとおり「ゴーリゴリ」と急いで違うオリに移ります。ゴリラがオリに入ったら3人で座りましょう。同じオリに戻ってはダメです。では練習です。「園長さんが来たぞ！」 ●2〜3回練習する。 ★次はオリが動くコールです。「台風が来たぞ！」とコールがあったら，オリの2人は両手をつないだまま「アレー」と言いながら違うゴリラのところに行き，ゴリラを中に入れて座ります。 ●2〜3回練習したら，2つのコールを混ぜて楽しむとよい。 ●必ず組がつくれる安心感を得るため，3つの役は固定する。 ★最後のコールは「地震が来たぞ！」です。3人がバラバラになります。オリの2人は，ジャンケンで「オスオリ」と「メスオリ」に分かれてください。オスオリは「オースオース」と言いながら空手チョップのまね，メスオリは「メースメス」と言いながら少しなよなよとした動きです。新しい3人組をつくって座ります。では，始めます。「地震が来たぞ！」 ●「地震が来たぞ！」は1回で終わる。数回続けてもよいが，「3人組がつくれてよかった」と思っているうちに切り上げたい。	・グループに入れない子が出ないようにして，すぐにグループができる安心感を味わわせる。 ☆すばやくグループがつくれたらほめられた。うれしいな。 ・教師が入ったりコール役をつくったりして人数調整する。 ☆友達と互いに指さし大騒ぎ。 ・教師がゴリラのまねやコールを大げさにすることで子どもたちの心がほぐれてくる。 ・みんなで何度か練習するうちに，恥ずかしさが消えてくる。 ・教師のかかわり方により，子どもたちの反応が変わる。教師も積極的にゲームに参加したり，子どもたちに任せたりするタイミングが大切。 ・それぞれのコールや動きに子どもたちは大騒ぎする。教師が見本を見せたり，練習したりして，急がずにたっぷり時間をかけたい。 ☆3人組ができるとホッとした様子で，まだできない子を助けている。
まとめ	★「ゴリラとオリ」の楽しかったことや感想を聞かせてください。 ★みんなとっても顔がニコニコして，いい雰囲気ですね。うまくグループができるとすごくホッとしますね。自分の行く場所を探しているときに友達から呼んでもらえるとうれしかったですね。これからもいろいろな人とだれとでも仲よく遊びましょう。	☆早くグループをつくるのが，スリルがあって楽しかった。グループができるとホッとする。

みんなの名前を覚えよう

宍戸 生美

4月前半 出会いを大切に

吹き出し（左から）:
- あなたの名前は飯島直君ですね
- こんにちは
- そうだよ 覚えてくれてありがとう
- あっ 間違った
- 私の名前は前川美穂です
- ざんねーん
- 合ってた！ はいカード
- 握手だね
- ありがとう！

時間・場所
・学活，20分，教室

準備
・名前を書くカード（1人にクラスの人数分）
・筆記用具
・新学期始め。1週間後にやることを予告

流れ
・友達の名前をカードに書く。
・その友達に名前が合っているか確認。合っていたらカードを渡して握手。間違っていたら直して，覚えるために持っている。
・できるだけたくさんの人にカードを渡せるようくり返す。
・感じたことをひとこと発表する。

ねらい
●新しい友達の名前を覚え，さらに友達づくりをすすめていこうとする。

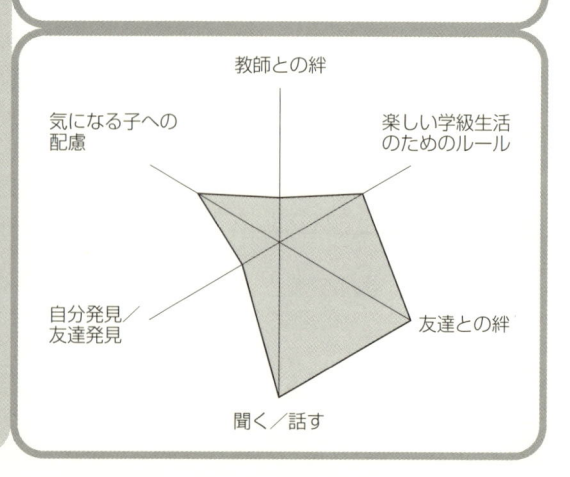

低 中 高

レーダーチャート項目:
- 教師との絆
- 楽しい学級生活のためのルール
- 友達との絆
- 聞く／話す
- 自分発見／友達発見
- 気になる子への配慮

展開例（3年生・始業式の1週間後）

	教師のセリフ（★），指示（●）	児童のつぶやき（☆），留意点（・）
ねらい	★今日は前に話しておいた「めざせ100パーセント！ 名前覚えたよ」のゲームをします。仲よく楽しいクラスづくりのためですから，恥ずかしがらず，お友達に名前を確かめてみましょう。 ●名前を記入するためのカードを配る。	☆何人くらい当たるかな。がんばってみよう。 ☆ちょっと心配だな。
説明	★最初に，覚えたお友達の名前（姓）を1人につき1枚ずつ，カードに書きましょう。自分の名前は裏に書きます。 ★次にだれからでもいいですから，相手を見つけて名前を確かめましょう。名前が合っていたら，カードを渡します。もらった人は何かお礼を言って握手をしましょう。もし間違ってしまったら，正しい名前を教えてもらってカードを直し，覚えるまで持っているようにしましょう。 ★できるだけたくさんのお友達と握手ができるといいですね。始める前に約束をします。1つ目は，相手に話しかける前には必ず「こんにちは」とあいさつをします。そして「あなたの名前は○○さんですか」と言ってカードを渡しましょう。2つ目は，相手の目を見て話しましょう。3つ目は，間違ってしまったお友達には，やさしく教えてあげましょう。	・課題の目安。3年生の場合は，姓か名のいずれか。4年生の場合は姓名の両方，高学年だと漢字で。 ・握手のできない子には，別の方法を用意する。 ☆まずは「こんにちは」って言うんだな。 ☆目を見るのはちょっと恥ずかしいな。
活動	★では，始めましょう。 ●友達に声をかけられずにいる子がいたら，教師が相手になるなどして表現の場をつくる（教師のカードを作っておくとよい）。 ★一度間違えてしまった友達がいたら，もう一度チャレンジしてみましょう。全員にカードを渡すことができた人は，姓だけでなく名前が書けるかとか，漢字で書けるかとか，いろいろチャレンジしてみましょう。 ●新学期のクラスの状態によって，条件をいろいろ変えてみるとよい。	☆まずは覚えてる子から書くことにしよう。 ☆○○君はどこにいるかな。 ☆姓は合っていたけれど，下の名前はわからないなあ。 ☆先生もやってるよ。
まとめ	★今日の活動はどうでしたか。感想を聞かせてください。 ●ワークシートに書かせてもよい。 ★今日のチャンピオンは○○君ですね。転入してきた△△ちゃんもがんばりましたね。 ●クラスの様子によってほめてあげる子を決める。 ★みなさんもたくさんのカードをもらうことができましたね。あいさつも上手にできていたようです。また，何日かしたらもう一度したいと思います。それまでたくさんのお友達と話をしたり，遊んだりしましょう。 ●もう一度することを予告し，意欲をもたせる。	☆間違えたらどうしようってドキドキしたよ。 ☆ありがとうって言われたときは，すごくうれしかったな。 ☆△△ちゃんってすごいな。僕もがんばろう。 ☆次のときは，100パーセントになるよう，がんばって名前を覚えるぞ。

いっぱい質問して仲よくなろう

樋口　雅也

4月前半 出会いを大切に

質問こうもく
- 好きな食べ物
- 得意なスポーツ
- 将来の夢
- 好きなテレビ番組
- 好きな遊び
- 好きな教科
- 夢中なこと
- 習いごと　など

（児童の発言）
- 小川君はどんな遊びが好きですか？
- ぼくは、ドッジボールとかサッカーとか、外で遊ぶことが大好きなんだ
- じゃーんけーん…
- 私は絵をかいたり、手芸をしたりすることが好きです
- 山田さんの得意なことってどんなことですか？

時間・場所
・20分，教室

準備
・活動内容を事前に知らせ，質問したい内容のアンケートをとる。そこからいくつかを例として取り上げ，掲示物を作成しておく。
・BGM
・振り返り用紙，筆記用具

流れ
・2人1組をつくりジャンケンをする。
・勝ったほうが質問し，負けたほうはそれに答える。ジャンケンと質問を繰り返す。
・合図で相手を交代して活動を繰り返す。

出典
・赤川智子「質問ジャンケン」國分康孝『エンカウンターで学級が変わる　小学校編』図書文化

ねらい
● 1年間のスタートの時期に，できるだけ多くの友達とふれあう。
● ふだん接することの少ない友達の，たくさんの魅力に気づく。
● 自分から話しかけたり聞いたりすることで，友達とかかわる体験をする。

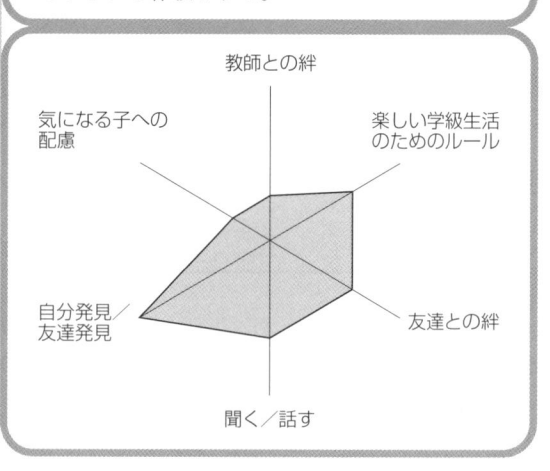

（レーダーチャート：教師との絆／楽しい学級生活のためのルール／友達との絆／聞く／話す／自分発見／友達発見／気になる子への配慮）

低／中／高

58

展開例 （5年生）

	教師のセリフ（★），指示（●）	児童のつぶやき（☆），留意点（・）
ね ら い	★新しい学級がスタートしました。新しい友達はもうできましたか。仲のよい友達のことは知っていても，ふだん接することが少なくてまだよくわからないという人も多いのではないでしょうか。今日は「質問ジャンケン」という活動を通して，多くの友達の特徴を知ってもらいたいと思います。	☆そういえば，よくわからない友達もいるな。○○さんとはまだ一度も話をしたことがないけど，どんな人なんだろう。
説 明	★「質問ジャンケン」のやり方を説明します。音楽に合わせて教室内を自由に歩き回りましょう。音楽が止まったら2人組をつくってジャンケンをします。勝った人は負けた人に質問ができます。負けた人は質問に答えます。 ★友達をよく理解するための質問ですから，相手を困らせるような質問はしないことにします。また，答えることがむずかしいときは，「わかりません」と言ってパスしてもよいです。 ★1つの質問が終わったら，次の合図があるまで同じ相手とジャンケンして質問することを繰り返します。どんな質問をしたらいいかわからなくなってしまったら，前に掲示してある質問の例を参考にしましょう。 ●1人の子どもに手伝ってもらい，教師が自己開示の仕方をデモンストレーションする。 ★音楽が始まったらペアを変える合図です。歩き始めて新しい相手を探します。なるべく，ふだん話す機会の少ない人と2人組をつくりましょう。 ★自分の考えと比べながら相手の話を聞いてあげられるといいですね。	☆楽しそうだな。私は○○さんと□□君と組んでみたいな。 ☆あまり話したことのない人と組むのは，恥ずかしいから嫌だな。どんな質問をしたらいいんだろう。 ☆新しい友達をつくるチャンスかもしれない。いろいろな人と対戦してみよう。 ☆あんなふうに答えればいいんだ。
活 動	★それでは始めます。最初は，4年生のときに違うクラスだった人と2人組をつくってみましょう。 ●教師は，活動の間子どもたちの様子を観察し，必要に応じて助言をしたり，一緒に参加したりする。 ★○○君は，ちょっと恥ずかしそうだね。先生も一緒に入るから3人で話をしてみようよ。 ★(何回かペアをかえた後で) 質問して答えて……で終わってしまうのではなく，答えてもらったことにさらに質問を重ねて，一つのことをもう少し詳しく聞いてみましょう。 ★友達の新しい面を発見することができましたか？	☆○○さんが近くにいるけど，どうしようかな。話をしたこともないし，照れくさいな。 ☆またジャンケンに勝ってしまった。いつも同じ質問しかできないよ。何を聞いたらいいんだろう。 ☆○○君っておとなしそうに見えたけど，ほんとうは面白いんだ。
ま と め	★では，友達について新しくわかったことを発表してください。 ★たくさんの発見があったようですね。自分から話しかけてみたり，相手の話をよく聞いてあげたりすると，友達の新しい面を発見することができるようです。多くの友達とかかわりをもって，仲のよいクラスをつくっていきましょう。 ★今日の「質問ジャンケン」の感想を自由に書いてください。	☆話をしてみないと，相手のことってわからないものだな。 ☆○○さんとはこれから友達になれそうだ。

ビンゴで楽しく友達を知ろう

川島　恵子

4月前半
出会いを大切に

自分のことビンゴ

自分がいま好きなこと，むちゅうなことをどんどん書いていこう！　例：好きな食べ物，好きなスポーツ

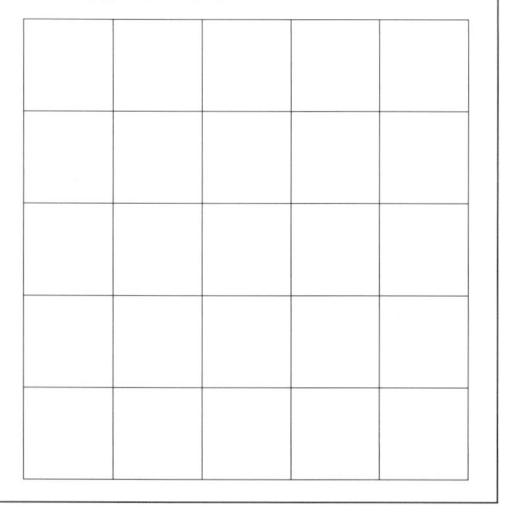

（吹き出し）
- サッカーの好きな人たくさんいるね
- はい，僕！
- 一緒に遊びたいね
- サッカーに夢中です

時間・場所
・学活，事前＋30分，教室

準備
・25マスのビンゴカード（1人2枚）
・筆記用具
・机を円形に並べておく。

流れ
・2枚のビンゴカードに，自分のいま好きなことや夢中なことなどを書き込む。
・1枚を集め，教師が項目を読み上げる。自分と同じものがあったらカードに丸をつけて起立し，共通の友達について知る。

出典
・「自分のことビンゴ」。ビンゴは河村茂雄編著『グループ体験によるタイプ別学級育成プログラム　小学校編』図書文化に詳しい。

ねらい
● 共通点のある友達の存在に気づいたり，友達について新発見したりすることで，仲間を増やす。
● ビンゴゲームの楽しさを生かしてクラスの一体感を味わい，友達に対する興味を高める。

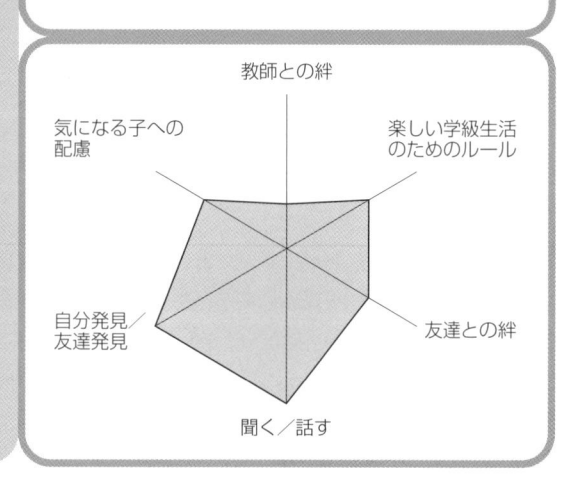

低／中／高

（レーダーチャート：教師との絆／楽しい学級生活のためのルール／友達との絆／聞く・話す／自分発見・友達発見／気になる子への配慮）

展開例 （4・5年生）

	教師のセリフ（★），指示（●）	児童のつぶやき（☆），留意点（・）
事前	<ビンゴカードの記入> ★ビンゴカードを1人に2枚ずつ配ります。この2枚にはまったく同じことを書きます。1枚は自分で使い，1枚は提出用です。25個のマスには，いまの自分のこと，例えば好きなスポーツとか食べ物，動物，教科，テレビ番組，いま夢中なこと，習いごとなどを書いて，みんなに知ってもらいましょう。では，カードに書きましょう。 ●教師のカードを見せたり読んだりして，例を示す。 ★それでは，2枚のうちの1枚を先生に提出してください。	・ビンゴの内容は事前に記入する。 ・項目を例示し，1つの項目につき1つでなくてもいいことを知らせて，25マスを完成させる。 ・テーマの例を25個以上，紙に書いて貼っておく。 ☆自分のことを書けばいいんだ。
ねらい	★新しく同じ学級になった友達とは，もうお話ししましたか。今日は前に記入してもらったビンゴカードを使って「自分のことビンゴ」をしましょう。これは，自分の紹介をしながら友達のことも知ってしまおうという活動です。もしかしたら，自分に似ている人や，へえ〜と驚くような友達がいるかもしれませんよ。そういう人がたくさん見つかるといいですね。	☆ビンゴは好きだけど，「自分のことビンゴ」って何だろう。
説明・活動	<ビンゴをする> ★これからビンゴを始めます。順番に，1枚のカードから1項目ずつ読んでいくので，同じものが書いてあったらカードに丸をつけて，その場に立ちましょう。 ★では始めます。最初は，好きな食べ物を書いてくれたもので「お寿司」です。お寿司を書いた人はカードに丸をつけて立ちましょう。わあ，ずいぶんたくさんの人がいますね。 ★次は好きなスポーツで，「バスケット」です。同じものを書いた人は，丸をつけて立ちましょう。これもたくさんいるね。 ★立っている人に少し聞いてみようね。バスケットのどんなところが好きなのかな。 ●数人にインタビューしながらどんどん読み上げていく。 ★次は，好きな教科で「算数」です。これは，立っている人が少ないね。どうして好きか聞いてみましょうね。	・ゲームの結果だけでなく，紹介の場や友達についても関心をもたせる。 ☆私のも読んでくれるかな。みんなはどんなこと書いたのかな。 ☆これって，もしかして私のことかな。 ☆やったあ，同じだ。 ☆へえ〜，あの人も好きなんだ。 ☆たくさんいるなあ。休み時間に一緒に遊びたいね。 ☆そうなんだ。すごいね。
まとめ	★ビンゴになった人がいました。みんなで拍手をしましょう。 ★今日のビンゴをやってみてどうでしたか。発表してください。 ★いま感じていることを話してくれてありがとう。自分が感じていることを言葉にして話すことを大切にしたいと思います。 ★丸が少なかった人はちょっと残念な気持ちだったかもしれません。でも，それはみんなと違う好きなものがあるってことですね。そのよさをみんなに教えてくれるといいなと思います。	☆今日初めて自分と同じものを好きな友達を知りました。今度一緒にやってみたいです。 ・各自のカードを提示して自己紹介の一端とする。

運命の人と いちばんの仲よしになろう

川島 恵子

4月前半 出会いを大切に

円のカードを2つに分けたものを全員に分ける

好きな教科は何ですか？

音楽です 歌が好きだから 山田君は？

やったー！やっと見つけた

あっよかったー

時間・場所
・学活，40分，教室・オープンスペース場で

準備
・円のカードをランダムに2分割したもの。
・取材カード，筆記用具
・子どもたちが奇数の場合は教師が参加する。

流れ
・ランダムに分けたカードをもち，1つの円になる相手を見つけ，ペアをつくる。
・ペアになったら，名前を紹介し，お互いが相手に自由に聞きたいことをインタビューしあい，相手のことを理解しようとする。

参考文献
・齊藤優「クッキーデート」國分康孝監修『エンカウンターで学級が変わる ショートエクササイズ集』図書文化

ねらい
●人間関係づくりの最小単位である2人組づくりを始める。
●ペアでお互いのことについてインタビューしあい，自分と同じところや違うところを知り，会話のきっかけをつくる。

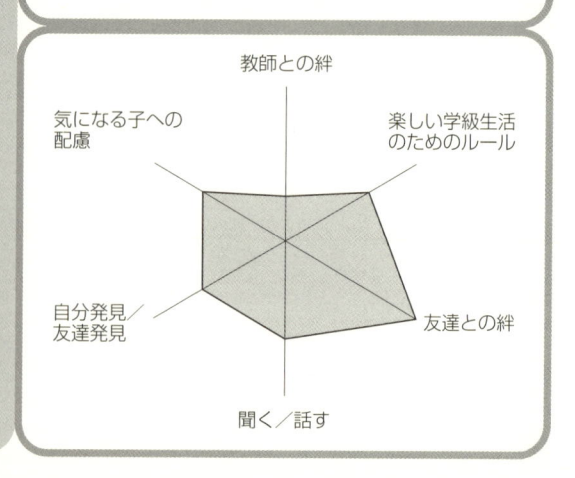

低 / 中 / **高**

レーダーチャート：教師との絆／楽しい学級生活のためのルール／友達との絆／聞く・話す／自分発見・友達発見／気になる子への配慮

展開例（5年生）

	教師のセリフ（★），指示（●）	児童のつぶやき（☆），留意点（・）
ねらい	★新しいクラスにも少し慣れてきましたね。今日は一人一人がこのクラスにいる「運命の人」を見つけて，相手のことを何でも知ってもらいたいと思います。インタビューをしあって学級の中で運命の人のことをいちばん知っている人になりましょう。	☆何をするんだろう。ドキドキするな。 ☆運命の人って何だ？　だれと組むんだろうな。
説明	★では，まず最初に半円の色紙を1枚とってください。この紙は，1つの円をちぎって2つに分けています。ですから自分の紙とぴったり1つの円になる片割れを持っている人を見つけます。それが運命の人です。そして，運命の人とカップルができたら，取材カードにインタビューした事柄をメモします。	☆どれにしようかな。 ☆○○ちゃんとだったらいいな。
活動	★それでは始めます。運命の人を探しましょう。 ●男女別に色紙を分け，なるべく男女ペアが組めるようにする。奇数の場合は，教師が参加したり，1人が2枚もち3人組にしたりする。 ★さあ，運命の人と巡り合いましたね。それではまず，お互いに名前などの自己紹介をします。 ★それでは相手のことを何でも知っている人になれるよう，インタビュー開始です。好きなことや夢中なこと嫌いなこと，毎日の様子などほかの人が知らないようなことをインタビューしあいましょう。 ★お互いが順番にインタビューしていきましょう。なるべく相手がした質問以外のことを聞きましょうね。 ★自分のことをさきに話したり，相手の話に感想をつけ加えたりすると，相手の秘密をたくさん知ることができると思いますよ。それから，答えたくない質問には，「それは秘密です」と言ってもいいです。 ●子どもたちの活動の様子を見ながら，一問一答式のインタビューになっているペアには，答えた後に教師が思ったことやさらなる疑問をつけ加え，インタビューに深まりをもたせるような活動を示す。	☆どう？　ぴったり合うかなあ。 ☆あっ，惜しい。少しずれてるなあ。 ☆僕の名前は○○です。 ☆私の名前は□□です。よろしくね。 ☆僕は，犬が好きなんだけど，好きな動物は何ですか。 ☆私も，犬が好き。だから，家で飼っているわ。 ☆放課後はどんなことをして過ごしていますか。 ☆外で遊ぶのが好きだから，サッカーやバスケットをしているよ。□□さんは何をしているの？ ☆私は絵を描くのが好きかな。
まとめ	★さあ，2人のインタビューの時間は終わりです。「へえ～」と思うような発見がありましたか。発見があった人は，発表してくれますか。 ★趣味が同じだったり好きな教科が同じだったりと，運命の人のことがたくさんわかったようですね。また，ペアをかえて行いましょう。 ★今日の活動で，思ったことや気づいてことを書いてください。	☆今日はいろいろなことがわかったな。 ☆自分と同じところがあった。

来てよかった！自由に語り合える保護者会

岩瀬 伸子

4月 前半 出会いを大切に

グループでの話し合いメモ

役割分担をお願いします → 司会・記録・発表・盛り上げ

お名前	子どもに望むこと	学級や担任、学校に望むこと	さきほどの活動についての感想、その他

メモ

◎ご協力ありがとうございました

（吹き出し）
- どんなお子さんなんですか？
- 「お子さんに望むこと」を話し合ってみましょう
- 個性を十分に発揮してほしいんです

時間・場所
・学年最初の懇談会，1時間，教室

準備
・名札
・話し合いのメモと鉛筆（10程度）
・タイマー

流れ
・2人組で自己紹介した後，4人組になって初めのペアの相手を新しい2人に紹介する。
・「話し合いのメモ」を使い，学校への要望などを4人組で話し合う。
・話し合いの内容を全体に発表する。

出典
・「他己紹介」と，著者がふだん用いている「話し合いのメモ」を組み合わせた。

ねらい
●初めての保護者会の緊張をほぐし，なごやかな雰囲気のなかで自由に意見を言い合えるようにする。
●担任と保護者，保護者同士の関係をつくる。
●「この先生なら何でも話せる」という印象をもたせ，新しい学年に希望がもてるようにする。

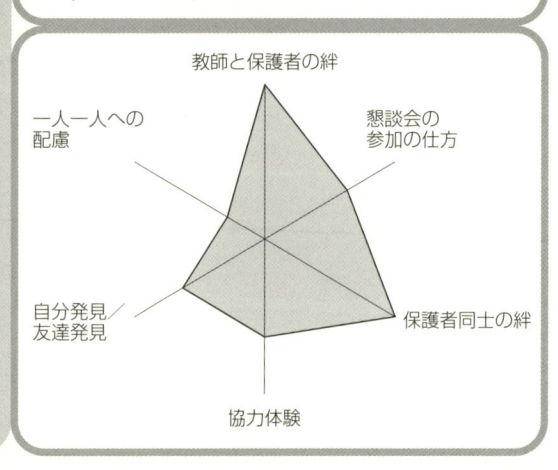

低 中 高

（レーダーチャート：教師と保護者の絆／懇談会の参加の仕方／保護者同士の絆／協力体験／自分発見・友達発見／一人一人への配慮）

第4章 いますぐできるスタートダッシュ

展開例（保護者）

	教師のセリフ（★），指示（●）	保護者のつぶやき（☆），留意点（・）
ね ら い	★（簡単なあいさつの後，笑顔で）実は私はとても緊張していますが，みなさんはいかがですか？ 私は保護者と教師が気持ちを合わせて子どもたちを支援していくことが大切だと思っています。そのために今日は，みなさんと私が，そしてみなさん同士が仲よくなって，何でも話し合える懇談会になるように，楽しい活動を考えてきました。どうかご協力ください。歩き回りますので，ぶつからないように気をつけてくださいね。	・名札を付けておいてもらう。事前に児童に書かせたり，保護者にその場で書いてもらったりするとよい。 ・机を移動する。 ☆何をするのかしら。普通の懇談会と少し違うわね。
説 明 ・ 活 動	<自由歩行> ★まずはあいているところを自由に歩き回ってください。ただし，何も言わず，表情も変えず，ただグルグルと歩いてください。 ★（1分後）はい，やめてください。どんな感じがしましたか？ ★今度は，できるだけたくさんの人と握手をし，自己紹介をしながら歩いてください。 ★（3分後）はーい，そこまでです。何人と握手できましたか。さっきと比べてみてどんな感じですか？ ●何人と握手したかにこだわるのではなく，握手した人たち全員の顔を思い起こすように振り返らせる。 <他己紹介> ★では，今日初めてお話をする方と2人組をつくってください。その2人で自己紹介をしていただきます。相手の話したことは，よく覚えておいてくださいね。 ★（4分後）はーい，そこまでにしてください。 ★この活動のラストです。いまの2人組のまま，もう1組と一緒に4人組をつくって席に座ってください。そして，最初に自己紹介しあった相手のことを，新しい2人に紹介してください。 <学校に期待することについての話し合い> ★（4分後）では，互いを知り合えたところで，この4人組で話し合いをしていただきたいと思います。テーマは「学校に期待すること」です。話し合いは<話し合いのメモ>にそって行います。最初は役割分担からお願いします。 ★では，グループごとに発表をお願いします。 ●教師はできるだけ聞くことに徹する。すぐに回答したほうがよいと思われることについてのみ，各発表の最後にまとめて話す。 ★ありがとうございました。保護者の方とも子どもたちとも率直に語り合える学級づくりをしていきたいと思います。	☆変な感じでした。時間が長く感じました。 ☆たくさんの人と握手したり，初めて会った人と話せたりして楽しい。 ・奇数の場合は担任も加わる。時間は適宜変える。 ☆何て言ってたかしら。人の話を覚えるのってむずかしい。 ・用紙と鉛筆を各組に配る。 ・役割は「司会」「記録」「発表」「盛り上げ」 ☆4人なら話しやすそう。 ☆4人だから緊張しないで考えを言うことができて満足。 ☆知ってる人がいなくて心細かったけど，話してみたらすぐに仲よくなれてよかった。
ま と め	●今日はみなさんと知り合えたうえに，こんなになごやかに話し合いをすることができてとてもうれしかったです。学校に対する質問や要望についてはきちんと伝えます。また，個人的なご相談などがある方は，時間をとりましたのでこの後にお残りください。今日はどうもありがとうございました。	☆今日の懇談会，来てよかった。

係決めは子ども会社づくりだよ

小松　礼子

4月前半
出会いを大切に

係決めは、席替えにつぐ子どもたちの関心事です。このクラスではどんな係をつくるのか、それをどんなふうに決めるのか、期待とともに教師の動向をうかがっています。このときのやりとりは、もう新しいクラスづくりの第一歩です。子どもたちのクラスに対する期待をふくらませるようにしたいものです。

また、私は、係決めの前に「係は会社と同じなんだよ」という話をします。自分たちのアイデアとやる気でどんどんいい係になることを話し、意欲づけをします。

どんな係をつくるか

クラス替えがあった場合

いままでのクラスの様子を子どもたちに聞いていきます。子どもたちはいくつかのクラスから集まってきているのですから、子どもたちの前クラスに対する思いの深さは、教師の想像以上です。それゆえ、ていねいに平等に話を聞いていきます。教師がどこかのクラスに肩入れしたら、ほかのクラスだった子どもたちと反目しあうことにもなりかねません。各クラスの話が出そろったら、「どのクラスの係も、それぞれいい仕事をしてたんだね」とほめ、「新しいクラスの係はどうしたらいいか、みんなで考えよう」と言って吟味していきます。

前のクラスのやり方に固執して、どちらも譲らず緊迫したときや、教師に別の考えがあるときは、「新しい学年にふさわしい係はどれだろう？」と投げかけると、子どもたちは前向きに判断していきます。

クラス替えがない場合

学級も教師ももち上がりの場合は、①去年の係の中で必要のないもの、②新設したほうがいい係、について話し合う時間を必ずとります。

教師だけが新しく変わった場合は、前年の様子をていねいに聞いてから、前述と同様のことをします。

> 話し合いでは，子どもたちのやりとりに解説を加え，気持ちや考えがみんなに伝わるようにサポートを。

係決め

いよいよ係を決める段階です。

私は、立候補制を基本にしています。一つの係に希望者が多い場合は、話し合いで意見交換させます。そして、譲ってあげられる子がいたら譲ってもらうようにします。この話し合いが大事なのです。

教師が気をつけることは、係をほかの子に譲ってあげた子どもへの対応です。その子のやさしさをみんなに伝え、次学期の係決めではその子の希望を優先してあげようと提案して了解をとっておきます。要するに、そのときの子どもたちのやりとりに解説を加え、その気持ちや考えがみんなにうまく伝わるようにサポートするのです。

こうすると、譲ってあげた子はみんなに感謝され、そんなをした感じがちょっぴり薄れます。譲ってよかったと思えます。また譲ってもらった子は、譲ってくれた子の心をあらためて感じ、あたたかい気持ちになることができます。今度は自分が譲ってあげられる人になろうという気持ちがわく子もいるでしょう。

忘れてはならないのは、次学期の係決めの際に必ずこのことを取り上げて、譲った子を優先することです。これが実行されれば、子どもたちの教師に対する信頼はぐっと高まるはずです。

また、「次は希望が叶えられる」という前提があれば、一つの係に固執せずに次回に回そうと考えやすくなります。第一希望ではない係になって、投げやりになることもないでしょう。

係が決まったら

いよいよ係活動開始です。係のメンバーごとに集まって、どんな仕事をしたいかを話し合わせます。どの子の気持ちも大事にされるように、やりたいことをカードに書いて出し合い、KJ法のようにして話し合うのも一つの方法です。子どもたちが自分たちで活動を考え、教師にどんどん進言してくるようになったら大成功です。

活動の成果をたたえる掲示物作り

前田 清枝

4月前半 出会いを大切に

掲示物には作る喜びと見る喜びがあります。この過程を上手に学級づくりに生かしたいものです。

私は、掲示物を使って、「係活動」の成果が目に見える形で確認できるように工夫しています。役割を介して子どもたち自身が、人の役に立つ喜びを味わったり、人間関係を深めたりしてほしいと願っているからです。

また、係活動もやりっぱなしではいいかげんになります。これは、クラス全体の意欲低下につながる恐れもあります。惰性に陥らず継続的に実施するための、振り返りの機会としています。

報告会で材料集め

係の分担が決まったら、まずそれぞれの計画を書いて掲示するようにします。

次に、実践したことを毎週の学級会などで報告しあいます。互いに発見したいところも伝え合います。これらが後で掲示物を作る際の材料になります。時間がとれないときは、振り返りカードを使ったり、朝や帰りの会を利用したりして、どこかで評価（チェック）するようにします。

なお、ほかの係と協力できる活動がないか考えさせると、活動内容や人間関係が広がります。

努力を目に見える形に

報告会が終わったらいよいよ掲示で

一学期 花の材料はクレープ紙が立体的できれい

「係の花を咲かせよう」

> 努力や成果が目に見える掲示物の工夫で、作る喜びと見る喜びが倍増。

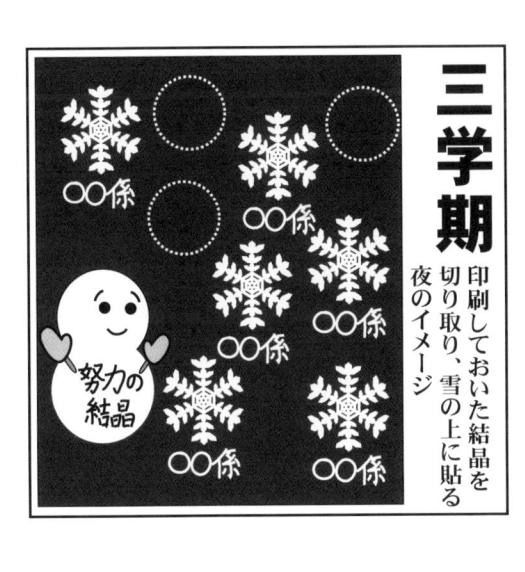

三学期
印刷しておいた結晶を切り取り、雪の上に貼る夜のイメージ
努力の結晶
〇〇係

二学期
ローソクに係名を書いてぶらさげておく
やる気のツリー
〇〇係

す。上のような絵をあらかじめ用意しておき、努力が認められた係は自分たちのスペースに花などを貼っていきます。自分たちの活動がみんなに喜ばれている過程を目の当たりにすると、ますますやる気がワクワクします。貼るものは立体的なほうがよいでしょう。低学年では教師が用意しておくとよいでしょう。

また、「係へのありがとうカード」もとても効果的です。カードを用意したり、掲示物に書き込むスペースを設けたりして、互いに感謝のメッセージを伝え合うようにします。

一年間の振り返り

これらの絵は学期ごとに取り換えます。学年末にそれらを並べると、一年間を振り返ることができます。

このときは時間をたっぷりとり、子どもたちに計画する力、協力する力、仕事の過程を大事にする力がついてきたことと、一人一人の活動が学級生活を支えていることに気づかせたいものです。

健康診断から自分の体を見つめてみよう

森元久美子

4月前半 出会いを大切に

健康診断は子ども理解の一つの基盤ともなります。

四月は健康診断を集中して行う時期です。子どもたちが学校生活を元気に円滑に送るためには、子どもたち一人一人の健康の状態を、担任も知っておく必要があります。

例えば、疾病異常の確認、その疾病が影響していると思われる行動の特徴や育ってきた生活環境を予想することは、学級経営上も必要なことだと思います。子ども理解を深める機会は常にありますが、健康診断もその一つなのです。

健康診断の前に

健康診断の前に、子どもたちに自分の健康状態について予想（チェック）させると、ふだんの生活を振り返る機会になります。また、健康診断への動機づけを高めることにつながります。自分の体に関心を払うことは、将来にわたって自分を大切にしていくことの基盤ともなります。

大きいことも小さいこともみんな個性

健康診断は、子どもにとって自分自身を見つめるよい機会であると同時に、身体の成長を通して自分とほかの人との違いに気づく機会にもなります。

そこで、健康診断の前後には、人には個人差があることを、教室でぜひ説明してほしいと思います。例えば、「人によって成長の仕方は違う。身長がさきにぐんと伸びる子もいれば、体重がさきに増える子もいる」という話や、「伸びる時期は人によって違う。いまがいちばん伸びる時期の人もいるし、中学生になってから伸びる時期が来る子もいる」という話です。これによって子どもは自分の成長を安心して受容することができます。

また、個人差は身体の発達に限りません。例えば、背が伸びて喜ぶ子どももいれば、伸びることがプレッシャーになる子もいます。このような感じ方の違いを

低 中 高

70

健康診断は，身体の成長を通して自分自身を見つめ，自分とほかの人との違いに気づく機会。

取り上げることもできます。

「大きいも小さいも個性であり、これが自分。違っていて当然」という指導が、他者を認め、自分を肯定できる学級にもつながっていくのではないでしょうか。

プライバシーの配慮について

身長や体重のデータはプライベートな情報です。不用意に他者に知られたくないという気持ちは子どもも大人と同じです。そこで、健康診断を受ける際の環境について配慮する必要があります。

具体的には、ついたてを準備し、検査者・記録者ともに教師が担当します。特に高学年女子や肥満児童は気にするので、読み上げる声の大きさにも注意を払います。また、男女の発育の差を考慮し、男女別に行います。

「秘密が守られる」という安心感は、自分自身の健康について振り返る余裕を生み、教師や学校への信頼感にもつながります。

忙しいからこそ連携を！

四月は忙しい時期だからこそ、教師間のコミュニケーションが特に大切となります。担任だから気づくこと、養護教諭だから気づく部分があることは確かです。それをいかに提供しあい、子どもにとって役立てられるかが重要になってきます。

健康診断の結果、指導すべき部分の見つかった子に関しては、担任と養護教諭が協力しながらしっかり取り組むことが必要です。例えば「う歯（虫歯）」のある子には、機会あるごとに担任から治療を勧めてもらえると、大変効果的です。

また、養護教諭は肥満児の指導をしています。教室でのその子の様子や保護者へ対応する際の配慮などを担任に教えてもらったり、逆に保健室での保護者との健康面接の際の様子や情報を担任に提供したりすることで、一貫性のある対応ができます。

まずは朝のあいさつから

4月前半 出会いを大切に

岩瀬 恵子

新学期、とくにスタートダッシュの二カ月は、子どもも教師も互いに相手を手探りしている状態です。

そんなときだからこそ、まずはあいさつを大切にすることをおすすめします。

校門でのあいさつは気持ちの切り替え

新学期が始まりました。

「おはよう！」

私は、毎朝校門に立って、登校してくる子どもたち一人一人に声をかけます。特に学年始めの四月には、できるだけ多くの子どもたちに、元気よく声をかけるように心がけています。子どもたちの反応はさまざまで、自分のほうからどんどん元気にあいさつをしてくる子もいれば、声をかけられてから小さな声で通り過ぎる子などもいます。

校門でのあいさつは、家庭から教室へと気持ちを切り替えるきっかけにもなります。

子どもたちは、教師が想像する以上に、家庭からさまざまな気分をひきずったまま登校してきます。まだ眠気を感じたまま家を出て、何となくだるかったり、学校に行くのにちょっぴりの不安な気持ちを抱えていたり……。

この短いあいさつを交わすことで、そういったモヤモヤとした気持ちを取り除くことができるようです。

子どもたちは、「ここからは学校なんだ」という意識をもち、表情にも生気が増してくるような気がします。

名前を覚えて声をかけよう

希望と期待をもってスタートした当初に比べ、新学期が始まってから二、三週間もすると、子どもたちは体調を崩したり、意気込みが少し薄らいだりしてくることがあります。

そこで、一人一人の子どもの様子を、よりしっかりと見つめていくことが大事になります。

> 声をかけられた喜びで，先生と子どもの心の距離が縮まっていきます。

一カ月も校門であいさつを交わしていれば、自分が担任する学級の子どもでなくても、お互いに顔見知りになってきます。

そこで、次の段階では子どもの顔と名前を覚えるようにします。

名札を見ながら、

「○○さん、おはよう。今日も元気だね」

「○○さん、重そうな荷物だね。もう少しだからがんばってね」

と、できるだけ子どもの名前を言いながら、あいさつと声かけをするようにします。

このようにしていると、ほんとうにだんだんと名前と顔が一致してきますし、一人一人の様子に自然と目がいくようになります。

また子どもたちは、名前を呼ばれることで、「自分に対して声をかけてくれたのだ」という思いを、強くはっきりと感じるようになります。その結果、教師と子どもたちの心の距離も縮まっていくようです。

担任でなくても

私は現在、担任をもっていませんが、各クラスの担任の先生がいろいろな理由で学級を離れなければならないときは、できるだけその学級に行くようにしています。

学級に行って最初に行うことは、子どもたち全員の名前をフルネームで呼ぶことです。それから簡単なゲームをしたり、手遊び歌を楽しんだりします。また、休み時間には外に出て、運動場で遊ぶ子どもたちを見たり、一緒に遊んだりします。

このように、ふれあう機会を少しずつつくりながら、全校の子どもたちの名前や、その子の特徴、きょうだい関係などを把握するようにしています。

その子の特徴を知るにつれて、その子に対する思いも変わってくるものです。そしてそのことが、毎日の朝の声かけやあいさつにも、変化をもたらすことになります。

給食は一緒に食べる喜びも味わおう

釜井かつ子

4月前半 出会いを大切に

給食は、子どもたちが何よりも楽しみにしている時間です。空腹が満たされるだけでなく、友達や先生と楽しく会食することにより、心も満たされます。

給食を楽しいふれあいの場に

給食の時間には子どもの生の姿が出ます。また楽しい雰囲気で食事をすると、ふだんあまり話をしない子どもの会話がはずんだり、うちとけたりしてきます。

そこで、できるだけ一緒に楽しく食べられる工夫をすることで、子どもたちのふれあいを促進し、一人一人を理解するための場とすることができます。

例えば、教師も積極的に場に入り、話を聞いたり話題を提供したりします。ときには給食を誕生会やお祝い会の場とし、班員や席をかえたりすると、雰囲気も変わってきます。好き嫌いが多い子や小食の子には、全部食べることを強制しないで「おいしいね」と言いながら教師が食べる姿を見せたり、以前より食べられるようになったことをおおいにほめると給食に対する抵抗感が減ります。

準備はてきぱきと後片づけはしっかりと

給食がスムーズになごやかに楽しく食べられ、よりよい食習慣が身につくように、準備や後片づけの仕方も工夫します。準備は、当番表を用意し、班ごとに一週間交代で行うようにするとよいでしょう。仕事の分担や白衣の洗濯のローテーションをあらかじめはっきりさせておくと、一人一人の責任感が自然と育っていきます。自分の仕事が終わった人からほかの人の仕事を手伝うようにすると、準備がてきぱきと進むだけでなく、思いやりの心も養われていくでしょう。

後片づけは各自で行うのが一般的ですが、学年が進むにつれ、グループで協力して行うようにしていくとよいでしょう。分担協力といった意識が育つとともに、相手に合わせて行動する気持ちも育てることができます。

恥ずかしさや照れを乗り越える授業

落合　光行

4月前半 出会いを大切に

勉強することの意味を考えさせよう

学級びらきが終わり、いよいよ授業開始。子どもたちも不安な面持ちです。高学年にもなれば、学級での自分の位置が気になり始め、授業では照れや恥ずかしさが目につき始めます。こうした子どもたちに初めての授業では、「間違えても恥ずかしがる必要はないよ」ということを伝えます。

語り続ける

例えば、どんな科学者も間違いや失敗の上に成功を収めている事実を伝えます。
さらに「授業は間違う時間。教室は練習の場だ」「間違うから自分も学級の友達も正しいことを知り、覚えることができる」と宣言し、繰り返し語り続けます。
また友達の発言を聞いて、自分なりの意見をもち発表しようとすることを最も大切にすると、教師の方針を話します。

教師の日常的な指導態度

子どもの発言や回答を「ほかにないかな」とすぐに流したり、「違うな」とひとことで否定しないことです。間違って最も残念なのは子ども自身。発言した努力を認め、考えを大切にしてあげます。

意見を出せる場面づくり

学習の場面では、知識の取得だけではなく柔軟な思考力を育てることを大切にします。さらに、みんなで意見を出し合い磨き合う面白さを味わわせます。自由に意見を出し合える雰囲気づくりが大事です。私は、「頭の体操」や仮説実験授業で提唱している「授業書」を利用しています。勉強は知識の集積だけでなく、知恵を磨くことであることを教えます。

ノートの使い方を確認させよう

最初の授業では、ノートに黒板を書き写すだけでなく、ひらめいたことを書きとめるように、具体例を使って説明しましょう。教科によっては書き方のルールを変えることも必要です。赤青鉛筆の効果的な活用も教えたいものです。

解説・ふれあいづくりの基本技法

シェアリングと振り返り用紙

明里　康弘

シェアリングとは「わかちあい」という意味です。エクササイズを通して、気づいたり感じたりした自分のことや友達のことなどをホンネで伝え合い、共有することです。参加者の、思考・感情・行動を、拡大・修正する機能があり、人間的な成長を促します。

構成的グループエンカウンターの中で、エクササイズと同じかそれ以上の比重をもつ重要なものです。エクササイズに集中し時間がたりなくなって、シェアリングをしなかったら、それはゲームと同じです。シェアリングをすることに意味があるのです。

やりやすい方法でシェアリングを

新学期、初めて自己紹介ゲームが終わった直後、「どんなことを感じましたか。どう思いましたか。みんなの前で発表してください」などと言われても、小学生はなかなか言えません。それどころか、「エンカウンターは後で恥をかかされるから嫌だ」となりがちです。

最初はあまり欲ばらないで、シェアリングをやりましょう。例えば、みんなの前ではなく小グループで。発表は無理でも、時間をかけて書くなら、やりやすいでしょう。書いたものがあれば、それを見ながら安心して発表もできます。小さなグループだったら緊張も少なく発表することができます。だんだん慣れてきてから、学級全体に広げていけばいいのです。

また、学年や発達段階に合わせたシェアリングが大切です。小学校低学年なら、教師が具体的な質問をして話すほうがやりやすいでしょう。

ねらいに合った振り返り用紙を

エクササイズには必ずねらいがあります。振り返り用紙も、ねらいに合わせて作ります。次のように作っておき、Ⅰの欄にはねらいに合った質問を書きます。③④の欄にはねらいに合った質問を書き

「振り返り用紙」はときに応じて

本書は、新学期の学級づくりに焦点を当てて構成されています。いままでエンカウンターをやったことのない先生でも展開例を見ればできるようになっています。振り返り用紙の利点は、ねらいに合った振り返りがスムーズにできることです。なぜなら、振り返りの観点が書かれているからです。本書では、教師も子どもも心配しないで、振り返り用紙を用いたエクササイズを数多く紹介しました。

しかし、書くだけで簡単にシェアリングを行えるように、振り返り用紙を使わない方法でやってみましょう。「シェアリング＝わかちあい」になります。「よく書いたね。最初は読み上げるだけでいいよ」と、少しずつみんなの前で気持ちを発表させます。慣れてきたら、振り返り用紙を使わない方法でやってみましょう。

第4章 いますぐできるスタートダッシュ

エクササイズ名 _____

ふりかえりカード

実施日　　月　　日・名前 _____

Ⅰ　あてはまるところに○をつけてください。

	とてもあてはまる	あてはまる		あてはまらない	ぜんぜんあてはまらない
①この時間の活動は楽しかったですか	5	4	3	2	1
②この時間の活動はやさしかったですか	5	4	3	2	1
③（例）自分の考えをすすんで言いましたか	5	4	3	2	1
④（例）友達について新しい発見がありましたか	5	4	3	2	1

Ⅱ　エクササイズをやって気づいたこと，感じたこと，学んだことを自由に書いてください。

【シェアリングの参考資料】
①『エンカウンターで学級が変わる　小学校編』「序文」「シェアリングの仕方」p.90。②『エンカウンターで学級が変わる Part 2　小学校編』「エンカウンターのキーワード」p.6。③『エンカウンターで学級が変わる Part 3　小学校編』「エンカウンターQ＆A」p.211。以上國分康孝監修。④『エンカウンターとは何か』「3　エンカウンター上達のツボ」p.85,國分康孝他著。⑤『エンカウンタースキルアップ』「第5章シェアリング」p.133,國分康孝ほか編，以上図書文化刊。⑥『構成的グループ・エンカウンターの原理と進め方』「シェアリングの仕方」p.162,國分康孝・片野智治著，誠信書房

緊張からの疲れがたまっていませんか

何かと忙しい四月の前半が過ぎ、四月も後半になると、学級の活動が順調に進められるようになってきます。子どもたちは、当番や係活動、クラブや委員会活動にも意欲的に取り組み、仲間意識も育っています。

新しい出発からほぼ一カ月。転校してきた子には、気の合う仲間ができたでしょうか。

一年生はもちろん、学級編成のあった学級もなかった学級でも、友達や担任との新しい出会いがうまくいっているのか気になるころです。

不安と期待は、子どもたち一人一人で異なります。一生懸命がんばっていた子どもたちに疲れが出てくるのがこの時期です。

体調を崩して休んだり、登校を渋り始める子どもたちが、見受けられるようにもなります。

4月後半は落ち着いて子ども一人一人とあたたかい人間関係を結びます。このページの後に、学級づくりのそれぞれのテーマや場面での詳しい進め方を説明します。

荘司　和子

失敗してもいいんだね

子どもたちの変化を敏感にキャッチして、変化に対応できる担任でいたいものです。

そのためには、気持ちをゆったりさせて、子どもと一緒にのんびりとした気分で過ごすことが大切です。声のトーンを少し低くして、ゆっくりと話すと、子どもの緊張感がゆるんでくることが感じられます。話題の例としては、「先生の子どものころの失敗談シリーズ」などは、子どもたちに受け入れられやすく、「先生、私も……」と子どもたちのほうからも話が出てきます。担任と一人一人の心の絆が結べるだけでなく、「失敗することは恥ずかしいことではないのだ」とわかってもらえることでしょう。

大型行事にせかされて

最近、春に運動会を実施する学校が増えてきています。新学期スタートもそこそこに、運動会の計画と練習が始まりま

子どもたちに評価を求めよう

学習活動が軌道に乗り始め、新しい単元に進んでいきます。一カ月もすると「この先生の教え方は……」「この先生の考え方は……」と担任のものの見方・考え方を子どもたちの心で評価するようになります。ここで子どもたちの評価を一度受けとめて、もう一度学級経営の方針を組立て直してみることが大切です。

子どもたちに評価を求めましょう。

とはいっても、「先生についてよいところや直してほしいところを言ってください」と子どもたちに投げかけても、発言はしにくいものです。

そこで、次の内容のプリントを配るとよいでしょう。

す。心の交流を深める間もなく、あわただしく毎日が過ぎていくことはないでしょうか。

この際には、活動を通して何を育てようとしているのか、ねらいを見失うことのないよう留意したいものです。

4月後半　だれとでも仲よく

〔プリント例〕

「先生からのお願い」

一緒に勉強して一カ月になります。もっとよい先生になるために、みなさんから意見をもらいたいと思います。成績とは関係ありませんので、正直に書いてほしいと思います。

① 教え方は、どうですか。
　A　B　C
② 先生のよいところ。
③ 先生が直したらよいと思うこと。
④ もっとよく教えてほしかったところ。
⑤ 学校のこと・家族のことで困っていることがあったら教えてください。

ゴールデンウィークは、先生も子どもも ひと休みです。休養をとって、子どもからもらった意見を見直して、次のステージに進みましょう。

「名刺交換」でよろしくね！

今井美枝子

4月後半
だれとでも仲よく

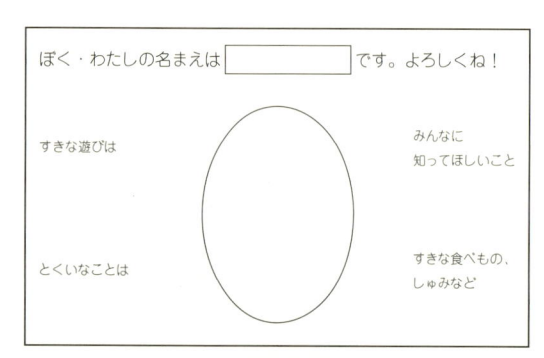

名刺の例

ぼく・わたしの名まえは ____ です。よろしくね！

- すきな遊びは
- とくいなことは
- みんなに知ってほしいこと
- すきな食べもの、しゅみなど

ふりかえりカード
名前（　　　　　）

1. たくさんのお友だちと名しこうかんができましたか。
   - ☺ たくさんできた
   - 😐 できた
   - ☹ できなかった

2. 友だちについてあたらしいはっけんはありましたか。
   - ☺ たくさんあった
   - 😐 あった
   - ☹ なかった

3. どんなはっけんでしたか

4. 思ったことを書きましょう

時間・場所
・生活科・学活，45分，教室

準備
・A4サイズの名刺カード
・振り返り用紙，筆記用具

流れ
・似顔絵，名前，好きな遊び，得意なこと，みんなに知ってほしいことなどを書いた名刺を各自で作る。
・できるだけ多くの人と名刺を交換してお互いに読み合う。

出典
・「名刺交換ゲーム」
・下野正代「My name is ○○？」國分康孝監修『エンカウンターで学級が変わる　ショートエクササイズ集』図書文化

ねらい
● 少しだけ自分を表現しながら，友達とかかわる。
● 級友の名前を早く覚える。
● 多くの人とかかわることで，友達になるきっかけをつくる。

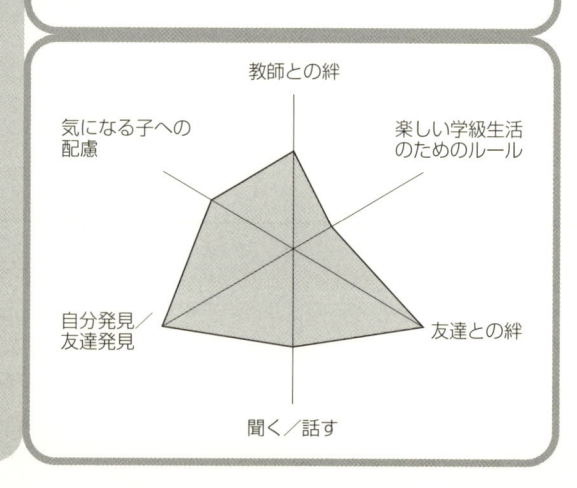

低／中／高

レーダーチャート：教師との絆／楽しい学級生活のためのルール／友達との絆／聞く・話す／自分発見・友達発見／気になる子への配慮

展開例　（3年生）

	教師のセリフ（★），指示（●）	児童のつぶやき（☆），留意点（・）
ねらい	★もうクラスの友達の名前は覚えられましたか？　友達の得意なことや好きな食べ物，好きな遊びなどは知っていますか。今日はお友達のことをもっともっと知って仲よしになりましょう。	☆男子は全部覚えたけど女子はまだ半分くらいしか覚えていないな。
説明・活動	<名刺づくり> ★まず，自分のことをよく知ってもらえるように名刺を作りましょう。先生が用意したこの紙には，①自分の名前，②好きな遊び，③得意なこと，④みんなに知ってほしいこと，⑤好きな食べ物や趣味の5つが書けるようになっています。もちろん，自分の顔を描いておくと覚えてもらいやすいですね。 ●名刺の中に書き入れる内容を印刷したものを配布する。 ★名前は大きくはっきりと書きましょう。全体に色をつけると，きれいに仕上がりますよ。 ●教師は自分の名刺を子どもの人数分印刷しておき，名刺交換に来た子どもに渡せるようにしておく。 <名刺交換> ★名刺ができたら，「よろしくねの会」を始めます。まだ名前を覚えていなかったり，あまり話したことのない友達のところに行って「名刺交換してください」と言って名刺を交換します。お互いが読み終わったら「よろしくね」と言って握手をして名刺を返し，次の友達のところでまた名刺交換をします。 ★では，「よろしくねの会」を始めましょう。今日中にクラスのお友達の名前を全部覚えられるといいですね。できるだけたくさんのお友達と名刺を交換しましょう。1人の人とずっと話をしていると時間がなくなりますよ。 ●1分くらいで交代するように合図を出す。 ●うまく相手を見つけられない子どもの支援をする。 ★はーい，あと1分です。次の人が最後です。まだ交換していない人がいたら急いでその人のところへ行きましょう。	☆顔も描きたいな。 ☆こんなに大きな名刺ができたよ。この顔，僕ってわかるかな？ ☆お友達に質問をしたいな。 ☆さっき覚えたのに忘れちゃった。また名刺交換してこよう。
まとめ	★名刺交換をしたときの様子を振り返りカードに書いてみましょう。 ★お友達について新しく発見があった人は発表してください。 ★住んでいるところが一緒だったり，好きな食べ物が一緒だったり，お友達のことがよくわかりましたね。お友達と仲よく楽しいクラスにしましょうね。	☆○○ちゃんが私と同じマンションなんて知らなかった。 ☆お昼休みに△△ちゃんと遊んでみたいな。 ☆ほかの人にも見せたい。

みんなで楽しく歌って踊ろう

生井　久恵

4月後半
だれとでも仲よく

\ホールディヒヒャ♪/

ふりかえりカード
名前（　　　　　）

1．この時間は楽しかったですか。
　　😊　　　　　😐　　　　　☹
　とても楽しかった　楽しかった　楽しくなかった

2．元気よくできましたか。
　　😊　　　　　😐　　　　　☹
　とても元気よくできた　元気よくできた　元気よくできなかった

3．感じたことや考えたことを書きましょう。

時間・場所
・音楽，30分，教室・音楽室

準備
・『大工のキツツキさん』の歌詞カード
・歌と基本的な動作を事前に教えておく。
・振り返り用紙，筆記用具

流れ
・『大工のキツツキさん』の歌を歌う。
・ストーリーにそって，歌の中に動作を一つずつ増やしていく。
・ペアの相手をかえながら，いろいろなテンポで動作をつけて歌を歌う。
・最後に感想を話し合う。

出典
・『大工のキツツキさん』宮林茂晴／詞／福尾野歩・歌／ピーマンズファームレコード・発売）

ねらい
●できるだけ多くの人とふれあいをもつ。
●新しいクラスや先生に対してもっている不安を，大きな声と動作でやわらげる。
●楽しい雰囲気を盛り上げることで，新しいクラスへの期待をもたせる。

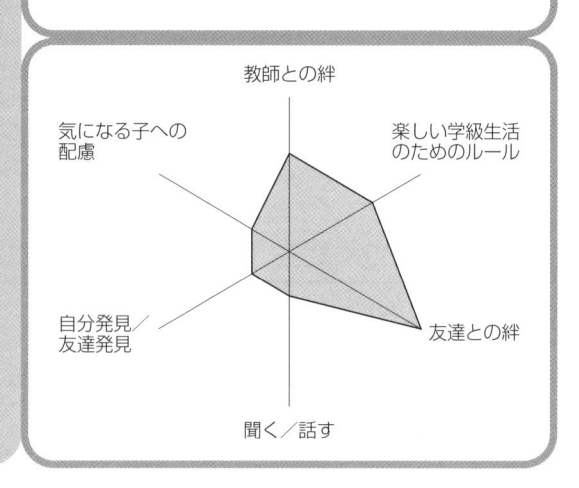

低／中／高

レーダーチャート：教師との絆／楽しい学級生活のためのルール／友達との絆／聞く／話す／自分発見・友達発見／気になる子への配慮

展開例 （1，2年生）

	教師のセリフ（★），指示（●）	児童のつぶやき（☆），留意点（・）
ねらい	★みなさん，このごろお友達のことがだいぶわかってきましたね。今日はお友達ともっと仲よくなれて，とっても楽しい気持ちになれる「キツツキさん」というエクササイズをします。まず『大工のキツツキさん』の歌を歌ってみましょう。 ●歌と動作はできるだけ事前に教えておくとよい。	☆まだ話をしたことのない子もいるな。 ☆楽しい歌だな。
説明・活動	★この歌には実はお話がついています。それをこれからお話しします。お話が進むにつれて，キツツキさんがいろいろなことをします。みんなもキツツキさんと一緒に動作をしようね。 ★「緑のそれはきれいな森の中で，キツツキさんは一生懸命に大工のお仕事をしていました。すると青い空から空飛ぶ円盤が『さっ』と飛んできました」。それではみんなも『さっ』と飛んできたところを歌いながら表してみよう。 ★今度は「空飛ぶ円盤の中から宇宙人が出てきました。キツツキさんはびっくりして『はっ』と驚きました」。それではみんなも『さっ』と来て『はっ』としたところを表してみよう。 ★「でも話してみると，とてもいい宇宙人なので，キツツキさんは『ほっ』としました」。それではみんなも『ほっ』としたところまで表してみよう。 ★「キツツキさんと宇宙人は友達になりました。2人は友達になったしるしに『握手』をしました」。それではみんなも『握手』するところまでしましょう。『握手』は班の人としましょう。 ★「2人はそのうち互いを大好きになってしまいました。大好きな2人は『キス』をしました」。みんなはキスのまねだけ，隣の人と『ぶちゅー』と言ってみましょう。 ★「とーっても仲よくなった2人だけど，宇宙人はもう宇宙に帰らなくてはなりません。『バイバイ』と言って宇宙に帰っていきました」。それではみんなも『バイバイ』をしましょう。 ★キツツキさんのお話はここまでです。では，お隣さんと握手をして「ありがとう」と言いましょう。 ★次に，新しいお友達とペアになってください。動作を加えて，キツツキさんの歌をいろいろなテンポで歌ってみましょう。 ●相手をかえて繰り返し行い，できるだけ多くの人と組ませる。	☆どんなお話かな？　ワクワクするな。 ☆簡単だ。やってみよう。 ☆なんだか自然に声も大きく出せるようになってきたぞ。 ☆だんだんキツツキさんの気持ちになってきたぞ。 ☆いい宇宙人でよかった。 ☆気がついたら隣の人と握手ができたよ。 ☆恥ずかしいな。でも面白い。 ☆初めて顔を見合って大笑いしたよ。楽しそうな人だな。 ・「ぶちゅー」ではやしたててしまうことのないように子どもの実態により「指タッチ」などに変える。 ☆もっといろいろなお友達とふれあってみたい。
まとめ	★いろいろな人と一緒にやってみて，どんな感じがしたか気持ちを振り返りカードに書いてね。 ★キツツキさんと宇宙人のようにぜんぜん知らない人同士でも，話してみたり遊んでみたりすることで仲よくなれることがわかったね。これからもたくさんのお友達をつくり，仲のよいクラスをつくっていきましょう。	☆○○さんとも仲よくなれそうだ。楽しい感じのクラスになりそうだな。

基本形

大工のきつつきさん

宮林茂晴訳詞
オーストリア民謡

みどりのやま かげにひびくうた はだい
くのきつ つきさんせい だすうた

I 拍に合わせて手をたたく

II ホルディヤ

ホール　ディー　ヤー

ひざを交互にたたく。
だんだん大きく

ホルディヒヤ ホルディクク ホルディヒヤ ホルディクク ホー

III

（ひざを1回たたく）（手を1回たたく）（親指を外へ向ける）（ひざを交互にたたく）

ホール　　　　ディヒ　　　ヒヤ　　　　　　ホー
ホール　　　　ディ　　　　クク

後半のアレンジ

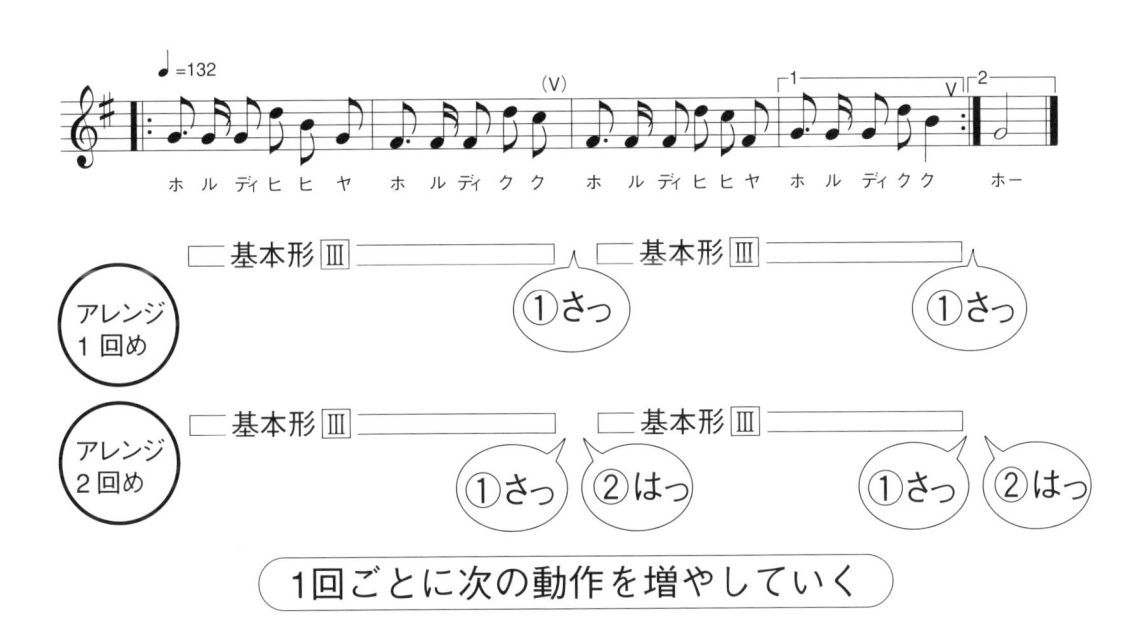

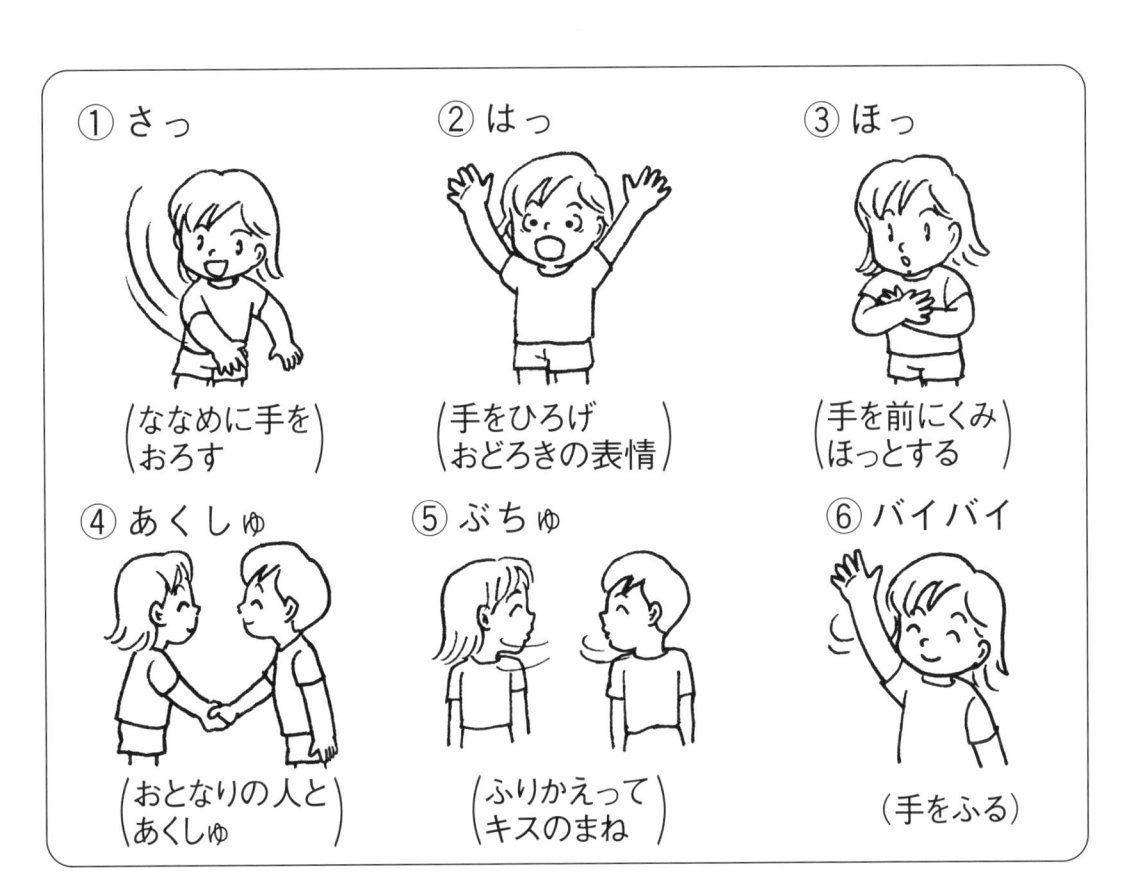

♩=132

ホル ディ ヒ ヤ　ホル ディ ク ク　ホル ディ ヒ ヤ　ホル ディ ク ク　ホー

アレンジ1回め：基本形Ⅲ → ①さっ　基本形Ⅲ → ①さっ

アレンジ2回め：基本形Ⅲ → ①さっ ②はっ　基本形Ⅲ → ①さっ ②はっ

1回ごとに次の動作を増やしていく

① さっ （ななめに手をおろす）

② はっ （手をひろげ おどろきの表情）

③ ほっ （手を前にくみ ほっとする）

④ あくしゅ （おとなりの人と あくしゅ）

⑤ ぶちゅ （ふりかえって キスのまね）

⑥ バイバイ （手をふる）

みんなと挑戦「ジャンケンおんぶ」

樋口 雅也

4月後半 だれとでも仲よく

（吹き出し）
- わたし山本君をおんぶできるかな？
- やった！やっと勝ったぞ！
- 負けちゃった木村君ごめんねこの次がんばろう
- 勝ったわ！竹山君、今度はわたしたちがおんぶしてもらえるよかったね！
- 今度はあの2人とジャンケンしてみよう

時間・場所
・体育，20分，体育館など

準備
・できるだけ広い空間を準備する。
・体操服などの動きやすい服装にする。

流れ
・2人組でジャンケンし，負けた人が勝った人をおんぶする。できない場合は肩に手を置く。
・おんぶした状態で5歩以上歩き，対戦相手を見つける。背中の人同士がジャンケンする。
・負けた2人が，勝った2人をそれぞれおんぶする。
・相手をかえて繰り返す。

ねらい
● わけへだてなく，たくさんの人と楽しくふれあう。
● スキンシップを通じて，友達に親近感をおぼえる。

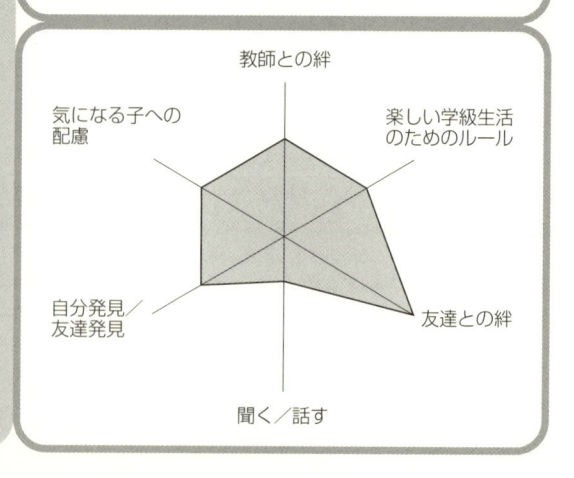

（レーダーチャート：教師との絆／楽しい学級生活のためのルール／友達との絆／聞く／話す／自分発見・友達発見／気になる子への配慮）

低／中／高

展開例 （1，2年生）

	教師のセリフ（★），指示（●）	児童のつぶやき（☆），留意点（・）
ね ら い	★先生はもうみんなの名前を覚えたし，これまでにたくさん話すことができたので，みんなのことがいろいろわかってきました。友達と同じように，先生とも仲よくしてね。 ★ではこれから，先生とジャンケンゲームをしましょう。先生が負けたらおんぶしてあげます。でも，先生が勝ったら先生をおんぶしてもらうよ。先生と対戦してみたい人はいますか？ ★これは「ジャンケンおんぶ」といって，友達と仲よしになれるゲームです。今日はみんなでこのゲームをやってみましょう。	☆先生がおんぶしてくれるの？やってみたい。でも負けちゃったら，先生をおんぶできるかな。
説 明	★これから「ジャンケンおんぶ」のやり方を説明します。まず，2人組をつくってジャンケンをします。負けた人は，勝った人をおんぶします。そして，5歩以上歩いてほかの2人組を探します。相手が見つかったら，今度は背中におぶられた人同士でジャンケンをしてください。負けたほうの2人組は，勝ったほうの2人をそれぞれおんぶするのです。こうやって，できるだけたくさんの友達とジャンケンをしながらゲームを続けます。 ★どうしてもおんぶできないときは，勝った人が負けた人の肩に手をかけて歩きましょう。	・実際に子どもを前に出して，動きを示しながら説明する。 ☆楽しそう。早くやってみたい。 ☆私は体が小さいから，おんぶできない。負けちゃったらどうしよう。 ☆それなら大きい人ともジャンケンができるな。
活 動	★それでは始めます。最初は先生の合図に合わせて，みんなで一緒にやってみましょう。 ●方法を確認するために，声をかけ合いながら行う。 ★やり方はわかりましたか？　それでは，ここからは自由にやってみましょう。何人の友達とジャンケンできるかな。 ●ジャンケンの相手が見つからないなど，消極的な子どもに対しては，共に活動したり，励ましの言葉をかけたりする。 ★男の子と女の子のペアでも対戦してみましょう。男の子をおんぶできる女の子はだれかな？ ★はーい，おしまいです。その場に座ってください。	☆ようし，たくさんの友達とジャンケンできるようにがんばるぞ。 ☆ジャンケンする人が見つからない。どうしたらいいのかな。 ☆男子ともジャンケンしよう。負けてもおんぶするのは簡単よ。 ・男女を意識してしまうときには，無理に組ませない。 ・無理におんぶしたり走り回ったりしないよう安全に気を配る。
ま と め	★「ほとんどの人とジャンケンできたよ」という人はどのくらいいますか。「半分くらいかな」という人……，「あんまりできなかったよ」という人……（おのおの手をあげさせる）。 ★「ジャンケンおんぶ」をして，楽しかったことや気づいたことのある人は教えてください。 ★○○さんと同じように感じた人はいますか？ ★あまり話したことのない友達と，ジャンケンしたりおんぶしたりできた人がたくさんいたようですね。先生もたくさんの人とおんぶしたりしてもらったりして，みんなとますます仲よくなれた気がしています。	☆楽しかった。クラスの半分くらいの友達とジャンケンできたよ。 ☆あんまり話したことのない○○君が，私をおんぶしてたくさん歩いてくれた。またやりたいな。

「こおりおに」で助け合おう

長谷川けい子

4月後半
だれとでも仲よく

カード（名刺大）

裏／表　しみずひろえ

↑助けてもらった人が名前を書く

（イラスト内のセリフ：やった／凍れ！／やられた／とけろ！／まて！／うわぁ～）

時間・場所
・体育，30分，体育館など

準備
・紅白帽子
・カード（1人5枚），筆記用具

流れ
・オニを5～6人決める。
・オニ以外はタッチされないよう逃げる。捕まった人はその場で凍る。捕まってない人は，手持ちのカードを渡して友達を助ける。

出典
・「こおりおに」のアレンジ。
・山本陽子「こおりおに」國分康孝監修『エンカウンターで学級が変わる Part 2　小学校編』図書文化

ねらい
● たくさんの友達と一緒に遊ぶ楽しさを味わう。
● ゲームを通じて，ふだんあまり話したり遊んだりしない人とふれあう。
● 楽しい活動を通して，助けたり助けてもらったりすることのうれしさを味わう。

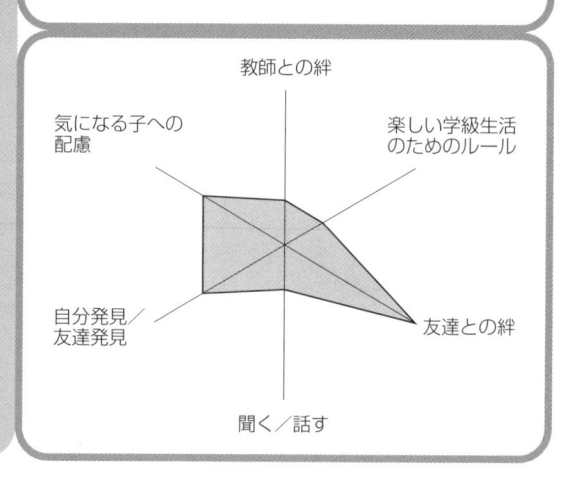

（レーダーチャート：教師との絆／楽しい学級生活のためのルール／友達との絆／聞く／話す／自分発見／友達発見／気になる子への配慮）

低／中／高

展開例　（2年生）

	教師のセリフ（★），指示（●）	児童のつぶやき（☆），留意点（・）
ねらい	★2年生になって，もう2週間がたちました。2年生の生活には慣れてきましたか。今日はゲームをして，もっともっとたくさんの人と友達になってください。	
説明	★「こおりおに」をします。知っていますか？ ★今日の「こおりおに」ではカードを使って，たくさんの友達をすすんで助けられるようにチャレンジしてみましょう。 ★まずルールを説明します。オニは逃げ回っている人にタッチして大きな声で「凍れ！」と言ってください。捕まってしまった人は，その場所にタッチされたときのポーズで固まります。まだ捕まっていない人は，カードを使って凍ってしまった人を助けてください。凍った人にタッチして，「とけろ」と言いながら自分の名前が書いてあるカードを1枚渡します。カードは1人5枚持っていますから，5人の友達を助けられます。時間になったらここに集まります。 ●1人に5枚カードを配り，名前を書かせる。	☆知ってる。僕大好きだよ。 ☆へえー。 ☆私逃げるのうまいよ。 ☆すぐタッチされてしまう。助けてくれるかなあ。 ☆僕はオニがいい。オニがやりたい。 ☆一緒に逃げようね。 ・筆記用具とカードはグループの分ごとに箱に入れておく。
活動	★1回目のオニは○月と△月生まれの人です。オニの人は紅白帽子を白にして，10数えてから追いかけます。その間にほかの人はカードを持って逃げてください。では，よーいスタート！ ●オニが5～6名になるように指示。紅白帽でオニを区別する。 ★ピー（笛），おしまいです。集まりましょう。 ★カードを使ってたくさん助けてあげられた人はいますか。助けてあげるときはどんな気持ちでしたか。 ★反対にたくさん助けてもらった人はいますか。助けてもらうときはどんな気持ちでしたか。 ★では，もらったカードの裏に自分の名前を書いて返しましょう。そのとき，助けてもらったお礼を言って握手をしましょう。 ★もう一度やります。どんどん助けてあげてください（数回実施）。	・1ゲーム5分が目安。 ☆凍っている子を助けようとオニの様子をうかがっている。 ☆ドキドキしたけど，思いきって助けてよかった。 ☆3回も捕まっちゃったけど，たくさん助けてもらえてうれしかった。
まとめ	★「こおりおに」は楽しかったですか。 ★「こおりおに」をして，思ったことや，新しい発見があった人は発表してください。 ●自分の思いを言葉にできたことをほめながら，一人一人の感じ方や思いをわかちあう。 ★「とけろ」と言ってカードをもらったとき，みんなとてもうれしそうな顔でしたね。オニの人も助けていた人も楽しそうに見えました。声をかけてあげたり，相手がしてほしいことをしてあげるとすぐに仲よくなれるんですね。またみんなで遊びましょう。	☆たくさんの友達を助けられて楽しかった。 ☆いつも遊んでいない子に助けてもらってうれしかった。 ☆男の子とか女の子とかあまり考えないで仲よく遊べてびっくりした。

インタビューで友達新発見！

松本　初代

4月後半
だれとでも仲よく

黒板：
友達に聞いてみたいこと
○ 好きなテレビ番組
○ 好きな食べ物
○ いまがんばっていること
○ もし変身できたら

吹き出し：
- マラソンを毎日続けているよ
- いまがんばっていることは何ですか？
- だから速いんだね　すごいな

時間・場所
・学活，30分，教室など

準備
・筆記用具とメモ用紙
・振り返り用紙
・配慮を要する子を把握しておく。

流れ
・班の人とジャンケンをして2人組をつくる。
・相手にインタビューしたい内容を考える。
・ペアでインタビューする。時間で交代する。
・班になり，新しく発見したことを伝え合う。
・全体に感想を発表する。

出典
・森泉朋子「有名人にインタビュー」國分康孝監修『エンカウンターで学級が変わる　ショートエクササイズ集』図書文化

ねらい
● 班の人と2人組でじっくり質問しあうことで，交流を深める。
● 同じグループの友達のいろいろな面を知り，理解を深めたり，認め合ったりすることで，一人一人の存在を大切にしあう。

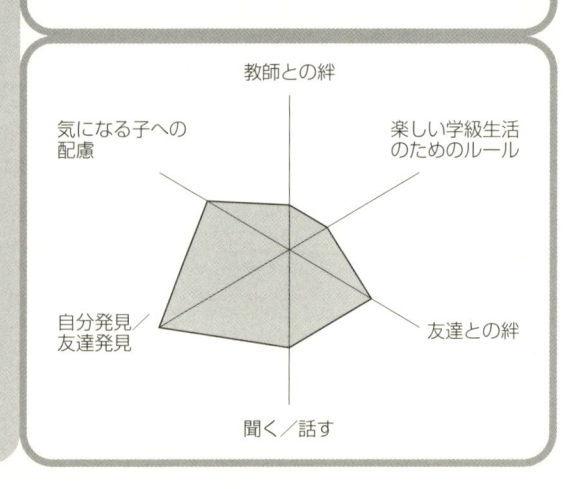

低／中／高

レーダーチャート：教師との絆／楽しい学級生活のためのルール／友達との絆／聞く／話す／自分発見／友達発見／気になる子への配慮

展開例（2年生）

	教師のセリフ（★），指示（●）	児童のつぶやき（☆），留意点（・）
ねらい	★新しい学年になって2週間がたちましたが，新しい班の友達とは仲よくなれましたか。友達とはふだんどんなことをお話ししているのかな。 ★班の友達ともっと仲よくなるために，今日はみんなにレポーターになってもらい友達の秘密を聞いてもらいたいと思います。	☆いろいろ話しているけど，学校でのことが多いかな。 ☆どんなことを聞くのかな。
説明	★今日インタビューするのは同じ班の人です。2人ずつのペアを，ジャンケンで決めてください。 ★つぎに役割分担をします。2人のうち，さきにレポーターになる人を決めましょう。レポーター役は後で交代しますからね。 ★さて，いよいよインタビューの内容を考えます。みんなが友達に聞いてみたいことはどんなことですか。 ★いろいろ出ましたが，相手が楽しく答えられる質問をできるといいですね。インタビューされる人は，答えられないときは無理をせずに「わかりません」と言っていいことにします。では，相手の人に聞いてみたい質問を3〜4つメモしてください。 ●配布したメモ用紙に質問事項を記入させる。 ★上手なレポーターは，あいさつも上手です。「○○さんに聞きます」で始まり，「ありがとうございました」で終わりましょうね。 ★では，まず先生がやってみますね。	☆ジャンケンなら安心だ。 ☆好きなテレビ番組。好きな食べ物。いまがんばっていること。もし変身できたら。 ・マイク代わりのものをレポーターに持たすと，いっそう楽しい。
活動	★それでは，「インタビューで友達新発見！」の始まりです。レポーターの人，インタビューをお願いします。時間は5分です。 ★答えをもらったら，そのわけも聞いてみましょう。友達のことがもっとよくわかりますよ。 ●子どもたちの様子を見て，時間を多くとってもよい。 ★時間です。ではレポーターを交代してください（5分）。 ★では時間です。今日聞いてみて初めてわかったことや，自分と同じだなと思ったことなどを，班の人と話し合いましょう。 ★話し合ったことをクラスの友達にも伝えてください。 ●各班からの発表で，自分がインタビューした相手以外のよさや，考えの違いにも気づかせる。	☆○○さんてこんなこと考えているんだ。知らなかったな。 ☆わけを聞くとその人のことがもっとわかるね。 ☆△△さんと□□さんは好きな食べ物が同じだったね。××君ていろんなことよく知ってるね。
まとめ	★新しい発見がたくさんあったようですね。では振り返りカード（感想を書く欄が大きくとられている用紙）に感想を書きましょう。 ★みなさんがレポーターになってくれたので，班のお友達の新しい面を発見することができましたね。今度班をかえたらまたレポーターになってくださいね。	☆話を聞いて，友達のことがたくさんわかってよかったな。これから同じ話題で話せるし，仲よくなれそうだ。

自分の意見を
たくさん言ってみよう

大泉　勉

4月後半
だれとでも
仲よく

「ちがうが勝ち」ふりかえりカード
名前（　　　　　　）

1. 自分の考えをたくさん言えましたか。

  たくさん言えた　言えた　あまり言えなかった　言えなかった

2. グループの人たちと協力できましたか。

  とてもできた　できた　あまりできなかった　できなかった

3. グループの人たちについて新しい発見がありましたか。

  たくさんあった　あった　あまりなかった　ぜんぜんなかった

4. 感じたことを書きましょう。

（黒板）ちがうが勝ち　第一問　給食

他の班が考えつかない言葉を考えよう

給食当番／おぼん／わかめごはん／おお、それいい！

時間・場所
・学活，30分，教室など

準備
・B4画用紙とマジック（班に1セット）
・振り返り用紙，筆記用具

流れ
・黒板の単語から連想する言葉を班で出し合い，その中からほかの班が考えつかないと思うものを1つ選んで用紙に書く。
・各班の選んだ言葉を発表する。
・同じ言葉を書いた班がなければ得点が入る。
・何度か繰り返して班対抗戦を行う。
・感想を話し合う。

ねらい
● 少人数で自由に意見を言い合い，自分を表現できる人間関係をつくる。
● 簡単な話し合いを通して，班で意見をひとつにまとめる体験をする。
● 友達のいろいろな思いや考えにふれる。

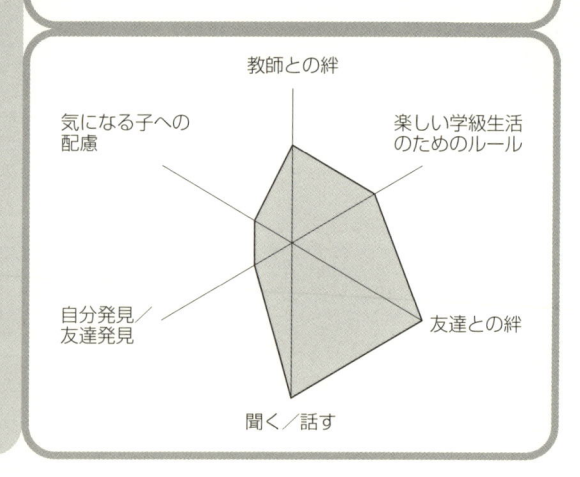

低／中／高

（レーダーチャート：教師との絆／楽しい学級生活のためのルール／友達との絆／聞く／話す／自分発見／友達発見／気になる子への配慮）

展開例　（4年生）

	教師のセリフ（★），指示（●）	児童のつぶやき（☆），留意点（・）
ね ら い	★新学期が始まって2週間がたちました。もう班の人ともだいぶうちとけてきたんじゃないかな。今日は生活班で話し合いながら，ほかの班と違う言葉を考えて発表しあう活動をします。タイトルは「違うが勝ち」です。これからやるゲームは人と違うことを考えたほうがいいというものです。だから今日は，自分が思いついたことをどんどん班の人に言ってみましょう。	・タイトルと班名を板書する。 ・あらかじめ生活班にしておく。4人程度の班がよい。 ・記録係を1人決めておく。
説 明	★やり方を説明します。これから先生が題を出しますから，その単語から思い浮かぶ言葉を班のみんなで出し合ってください。次にその中から，「これはほかの班では考えつかないだろう」と思うものを話し合って1つ決めてください。ほかの班には聞かれないよう，声の大きさに気をつけてくださいね。 ★1つに決まったら，これから配る用紙にそれを書いて，前に持ってきてください。同じ言葉を書いた班がほかにいなければ，その班には得点が入ります。 ★では先生が一度やってみます。題は「給食」です。わかめごはん，白衣，おぼん……。この中から，ほかの班が考えそうもないものを1つ選びます。例えば白衣とかです。これを用紙に書いて先生のところに持ってきてください。	☆思いついたことをみんなで言うんだよ。それから代表の言葉を班で1つ決めるんだな。
活 動	★今日は全部で5題やります。初めの題は「○○」です。考える時間は○分までです。では，始めてください。 ●全員が活動に参加しているか確認しながら机間指導する。 ★1つに決まった班は前に持ってきてください。 ★はーい，時間です。1つの言葉を書いて持ってきてください。 ★では，各班の答えを発表します。 ●各班の答えを板書しながら，「よく気づいたね」「どうしてこの言葉を選んだの」「ほかにどんな言葉が出たの」など，会話のやりとりをする。 ●すべての班の発表後，ほかの班と違う言葉を書いた班のところに得点を正の字で書いていく。 ★では2つめの題です。さきほどの用紙を取りにきてください。 ●全部で4〜5題行うと盛り上がる。 ★これで5題全部終わりました。得点がいちばん高かったのは○班です。拍手しましょう。	・用紙を配り，班名を記入させる。 ・題を板書する。 ☆これならどう？　きっとどの班も考えないと思うな。それいいね。それに決めようよ。きっと同じ考えは出てないよ。 ☆やった！　どの班とも違うよ。
ま と め	★振り返り用紙に感想を記入しましょう。 ★だれか感想を教えてください。 ★グループで話し合うと友達の考えがいろいろ出てきて1人では思いつかないような考えに気づきますね。これからも，いろいろな友達とたくさん話をして，いろいろな思いや考えを知ることができたらいいですね。	・今日の活動を振り返らせる。 ・自分の感想をもち，友達の感想を知る。

力を合わせて「聖徳太子ゲーム」

水田美智子

4月後半 だれとでも仲よく

> うまく当てるには、一人一人の力が必要ね

> しごけむ

> ぼくは「ご」って聞こえたよ
> あ、わかった！
> 何て聞こえた？
> 「む」だったかなー

時間・場所
・学活，20分，教室

準備
・グループの人数に合わせて，3〜4音節の単語をカードに書いておく。

流れ
・3〜4人のグループをつくる。
・1つのグループが前に出て，1つの単語の音を1人1音ずつ分担し，いっせいに言う。
・ほかのグループがその単語を当てる。

参考文献
・朝日滋也「聖徳太子ゲーム」國分康孝監修『エンカウンターで学級が変わる 小学校編』図書文化

ねらい
● 小グループで協力してゲームを行うことで，仲間意識を高め，孤独感をなくす。
● 友達と声を合わせたり，当て方を相談したりする活動を通して，何人かで協力することの楽しさを感じ，新しい人間関係をつくる。

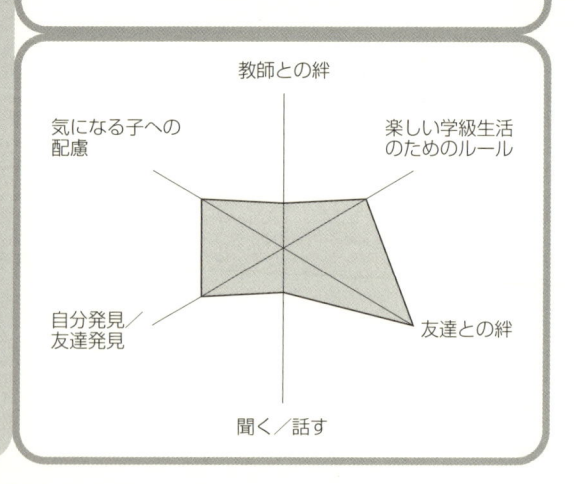

低 / 中 / 高

レーダーチャート軸：教師との絆／楽しい学級生活のためのルール／友達との絆／聞く／話す／自分発見／友達発見／気になる子への配慮

第4章　いますぐできるスタートダッシュ

展開例　（4年生）

	教師のセリフ（★），指示（●）	児童のつぶやき（☆），留意点（・）
ね ら い	★今日は，班で協力してゲームをやりましょう。「聖徳太子ゲーム」といいます。昔，聖徳太子という偉い人がいました。聖徳太子は，なんと7人の人の話をいっぺんに聞くことができたそうです。今日は，みなさんにも聖徳太子になってもらいます。1人では聖徳太子になれなくても，グループの友達同士で協力しあえば大丈夫。立派な聖徳太子になれます。	・実態に応じてグループのつくり方に配慮する。 ☆どんなゲーム？ ☆いっぺんに7人の話を聞けるなんてすごい。
説 明	★では，やり方を説明します。1班の人たち，ちょっと前に出てきてください。 ★これから，先生が1班の人たちにある言葉を見せます。でも，みんなには見せません。1班の人が，この言葉をバラバラにして言うので，みなさんは一人一人が何と言ったかよく聞いて，もとの言葉を当ててください。ヒントは4文字の言葉です。 ★（1班の人を集めて小声で）Aさんが「け」，Bさんが「し」，Cさんが「ご」，Dさんが「む」を言ってね。先生が合図したら，声をそろえて同時に言うんだよ。 ●口形が全員に見えるように，少し離して立つように配慮する。 ●言葉を言うときのタイミングや，声の大きさに気をつけるように助言する。 ★では，やってみます。いっせーの，せ！　「け・し・ご・む」 ★どんな音が聞こえたかな。もう一度，言ってもらいましょう。 ★正解は「けしごむ」です。みんな，聞こえたかな？	・班の人数に合わせて，言葉の文字数を調整する。 ・カードに単語を書いて見せるようにするとよい。 ☆「け」はわかったけど，後の言葉はよく聞こえなかった。
活 動	★では本番です。もう一度，1班の人に別の言葉を言ってもらいます。わかった班は，ほかのグループに聞こえないように相談して答えを書きましょう。1回で聞き取るには，グループの人の協力が必要ですよ。どのように協力すると聖徳太子になれるか，作戦を立ててね。 ●難易度によって3〜4回聞かせる。 ★では，答え合わせをしましょう。順番に正解を言ってください。 ★正解の班はおめでとう。残念だった班も，今度はがんばってね。正解の班に聖徳太子になる秘密を聞いてみましょう。 ●マンツーマンで聞き，聞いたことをグループで言い合い，言葉にするとよいことに気づかせる。班を交替して行う。	☆3回聞いてやっとわかった。 ☆バラバラに言うとわかってしまうから，声をそろえてはっきり言わなきゃ。みんなにわからないように，言葉の順番をかえて並んで言ってみよう。 ☆みんなで分担して聞いたらどうかな。
ま と め	★たくさん当たった班はありますか？　すごいですね（拍手）。みんなは，班の友達と力を合わせて，聖徳太子になれたかな？感想のある人は言ってください。 ★1人では聖徳太子になることはむずかしいと思った人も，グループの友達と協力すると聖徳太子になれましたね。これからも友達と仲よくいろいろなことを相談できたらいいですね。	☆みんなで力を合わせると，言葉を聞き取ることができて，うれしかった。 ☆みんなで声をそろえて言うのが初めは恥ずかしかったけど，一緒に言えてよかった。

協力したらできたね

濱辺ますみ

4月後半
だれとでも仲よく

ふりかえりカード
名前（　　　　）

1. 自分の考えをすすんで言えましたか。

すすんで言えた　言えた　あまり言えなかった　言えなかった

2. 友達の考えをよく聞けましたか。

よく聞けた　聞けた　あまり聞けなかった　聞けなかった

3. 友達のよさを発見しましたか。

たくさん発見した　発見した　あまり発見しなかった　ぜんぜん発見しなかった

4. どんな発見ですか。

5. 感じたことを書きましょう。

> このカーブとこのカーブが重なるよ
> ほんとだ！
> それは、そこじゃないかな
> あら、本当Aさんは勘がいいね

時間・場所
・学活，30分，教室など

準備
・写真入り新聞紙（1グループ2枚）
・ストップウォッチ
・振り返り用紙，筆記用具

流れ
・生活班を生かして3〜5人組をつくる。
・新聞紙を切り分けてパズルをつくり，グループで協力して組み立てる。
・気づきや感想を話し合う。

出典
・「新聞紙パズル」

ねらい
● パズルを楽しみながら，グループで協力することの大切さや達成の喜びを味わう。
● 積極的，おだやか，熱しやすい，冷静など，自分や友達の特性に気づき，大切にしあおうとする気持ちを高める。

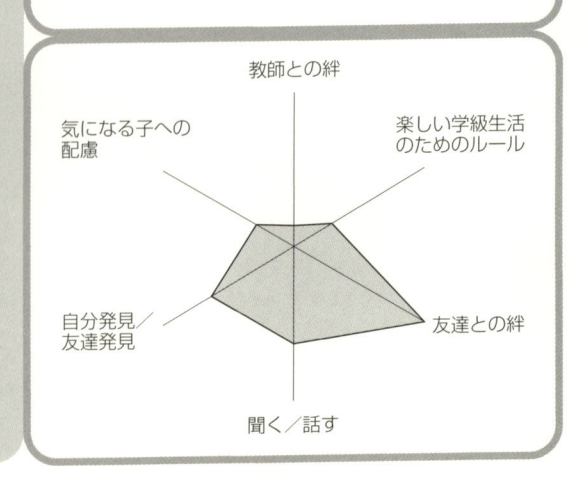

低　中　高

教師との絆
気になる子への配慮
楽しい学級生活のためのルール
自分発見／友達発見
友達との絆
聞く／話す

第4章　いますぐできるスタートダッシュ

展開例　（5年生）

	教師のセリフ（★），指示（●）	児童のつぶやき（☆），留意点（・）
ね ら い	★今日はグループでパズルを楽しみながら，協力する面白さを味わってもらいたいと思います。ピースを見つけるのが上手な人，伝えるのが上手な人，作るのが上手な人など，人によっていろいろな長所があります。自分や友達の長所に気づいて，それを生かして作業ができるといいですね。 ★これからするパズルは，バラバラに切った新聞紙を元どおりに組み立てるというものです。何分で組み立てられるか時間を計ってみますから，グループで協力してやってみてください。 ●新聞紙をいくつかに切り，バラバラにして実演してみせる。	・生活班をもとに3〜5人のグループをつくる。
説 明 ・ 活 動	★では1枚の新聞紙を10ピースになるように切り分けてください。なるべくガチャガチャに切ると面白いですよ。 ★切り終わりましたか。ではお隣のグループと交換しましょう。 ★さあ，どのグループが早く組み立てられるか，時間を計ります。終わったら知らせてください。ヨーイ，スタート！ ●「終わった！」という声で，かかった時間を知らせていく。 ★全グループが終わりました。いちばん早かったのは○グループで△秒でした。全体でも平均×秒ぐらいでできました。だれか，グループのメンバーでいい働きをしてくれた人に気づいた人はいますか。いたら発表してください。 ★ではもう一度やりましょう。1回目が早く上手にできたので，今度は20ピースに切ってみましょう（様子によっては15ピースでよい）。少し悩むようにむずかしくしてもいいですよ。途中で数を確かめながら切ってください。 ★さあできましたね。どのグループもかなりむずかしく切っていましたね。ではお隣にさせるのは気の毒だから，自分たちで組み立ててみましょう。それぞれの長所を生かして，協力しあってやってください。時間を計ります。よーい，スタート！ ●終わったら時間を知らせ，気づきや感想を話し合わせる。 ●終了後，上位2〜3チームのタイムを発表し，賞賛する。	☆まっすぐだとすぐにできちゃうからカーブさせよう。 ☆えー。交換するの？ ☆あせるとだめだ，落ち着いてやろう。○○さんは勘がいいな。3ピースも組み立ててる。これはどこかの角だ。いい調子。 ☆できたぞ！　やったね！ ・長所を強調し，自覚を促す。 ☆今度はもっとむずかしく切ってやろう。 ☆え，自分たちでやるのか。それなら，あんなに細かく切るんじゃなかったよ。 ☆なるほど，ここは写真だ。○○君いいところに気づくね。この片割れはどこだ。これだ！
ま と め	★新聞紙パズルをした感想を発表してください。 ★グループで協力して楽しかったようですね。では活動の様子を振り返りカードに記入してください。 ★この活動を通して，自分の友達のよいところに気づいた人がたくさんいるとうれしいです。お互いのよさを生かしながら協力しあえるクラスにしていきたいですね。	☆タイムは遅かったけど，みんなで協力して楽しかったよ。 ☆□□さんはいつも落ち着いて，上手に並べていたね。 ☆うちのグループは時間はかかったけれど，気づいたことを出し合って協力して探したので楽しくできて満足だ。

「サバンナの子どもライオン」になってみよう

押元 政房

4月後半
だれとでも仲よく

全体図

フラフープの中にボール
フラフープ

（とられないぞ）
ガオー
ガオー

時間・場所
・学活，30分，体育館

準備
・マット（できるだけたくさん）
・カラーフープ8つ，ボール4つ
・ストップウオッチ
・服装は長いジャージ，またはひざ当てを用意

流れ
・男女各2人の4人組をつくる。
・アリーナにマットを敷きつめ，両側にカラーフープ，一方にボールを置く。
・子どもライオンになったつもりでよつんばいになり，相手の組のボールを取り合う。

ねらい
● 身体接触を伴いながらふれあい，相手の存在を肌で感じる。
● 友達の特徴を肌で感じ，新しい生活や新しい友達への不安や緊張，とまどいをやわらげる。
● 学級生活のルールづくりの第一歩とする。

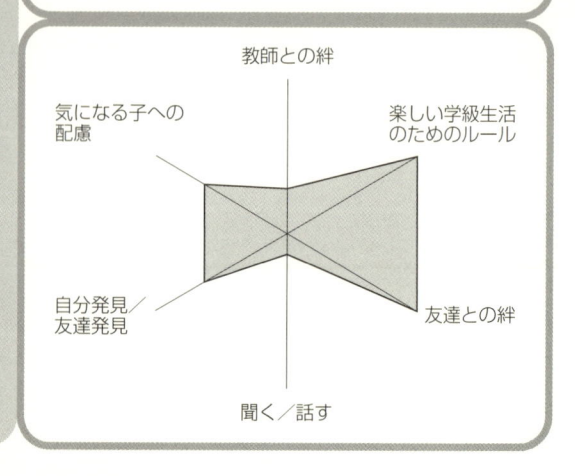

低 / 中 / 高

教師との絆 / 気になる子への配慮 / 楽しい学級生活のためのルール / 自分発見／友達発見 / 友達との絆 / 聞く／話す

98

展開例 （4・5年生）

	教師のセリフ（★），指示（●）	児童のつぶやき（☆），留意点（・）
ね ら い	★このごろみんなは，休み時間によく友達と話をしたり，ボールで遊んだりしてますね。草原にいる子どもライオンもとてもよく遊びます。追いかけっこをしたり，取っ組み合いをしたり，ときにはかみついたりもします。見ていてとても楽しそうです。今日はみなさんも「サバンナの子どもライオン」のように，お友達とたくさんふれあい，楽しく運動してみましょう。	☆あっ，テレビで見たことある。きょうだいでよく遊んでいるよね。
説 明	★まず，サバンナをつくりましょう。アリーナにあるマットを全部ここに敷きつめます。 ●マットの両側にカラーフープを4つずつ置き，片側のフープにだけそれぞれの輪の中にボールを入れる。 ★では，男女2人ずつの4人グループをつくりましょう。 ●仲間づくりに消極的な子を支援する。 ★これから，みんなは子どもライオンになってマットをよつんばいで動きます。両脇にあるフープはそれぞれの巣，ボールは獲物です。獲物がないチームの子どもライオンは，相手の巣にある獲物を奪って自分の巣に持ち帰ります。獲物がある子どもライオンもやはりよつんばいになり，それを阻止します。時間は3分です。笛が鳴ったらすぐに自分の巣に帰ります。 ★細かいルールはみんなの好きなようにやってごらん。ただ，危険なことは絶対ダメです。例えば，こういうのはいいかな？（首を絞めたり，髪を引っ張るジェスチャーをして禁止事項を伝える） ●安全確保以外の細かいルールは，対戦が終了するごとに子どもたちに考えさせていくとよい。	☆えっ，全部敷くの。 ・安全に運び出すために，マット置き場で援助する。 ☆○○さん，一緒にやろう。 ☆僕たちが子どもライオンになるんだあ。抱きついたり，転げたりしていいんだあ。楽しそうだなあ。 ☆ボールはパスしてもいいの？ ・紅白帽子のゴムひもをはずしてかぶる。うわばきは脱ぐ。
活 動	★では，まず1班と2班からです。ほかの班のお友達は，マットの周りで応援しましょう。用意，スタート！（笛を吹く） ★ピー（笛），終了です。 ★次は3班と4班です（以下，同じ要領で取り組む）。 ●サバンナに跳び箱の1段を置いて避難場所にし，場の設定に変化をつけたり，ズボンのゴムに紅白帽子をはさんでそれを取り合うようにしても楽しい。 ●ひざがすれるので，長いジャージをはいたりひざ当てをするとよい。	☆よつんばいで，いっせいに相手に向かっていく。最初は遠慮がちだった声がしだいに大きな歓声になり，抱えたり転がったりする子が多くなる。 ☆応援の子も「あ，取られる」と教えたり，大声で笑ったりと楽しそう。
ま と め	★楽しかったことやお友達の様子を発表しましょう。 ●一人一人の発表に大きな拍手をする。 ★ほんとうに子どもライオンになったように，みんな楽しんでいましたね。それを見ていて，先生もグループに入って一緒にやりたくなりました。何よりもうれしかったことは，クラス全員のお友達が互いにふれあったり，声を出し合ったりできたことです。これからも楽しい活動をたくさんしていきましょう。	☆みんなで協力してボールを守った。 ☆おとなしそうな子が意外に活発なことがわかりました。 ☆またやりたい。

私の居場所は？

 連休明けに「体のぐあいが悪いので」と連絡があり、その後欠席がちになったり、以前ほど元気がなかったりする子どもがいます。

 緊張感で支えられていた四月。心身の疲れがたまった後の五月の連休は、心ほぐしのためにはタイムリーで価値ある時間です。

 しかし、家族と自由に過ごせば過ごすほど、学級にUターンするのが心はずまぬものになるのも無理ないことです。登校はしたものの、四月ほどの緊張感はなくモチベーションが維持できない。元気に過ごす友達の中で、孤立感や疎外感が急激にふくらみ「行かなきゃ！」と思う学校に行くのがつらい。

 ささやかなことがとってもつらい。そんな様子が見られる子はいないでしょうか？　連休明けは、そんな時期です。特に一年生、三年生、五年生の子どもたちは、学級編制後の新しい人間関係に

5月前半は，落ち着いて子ども一人一人とあたたかい人間関係を結びます。
このページの後に，学級づくりのそれぞれのテーマや場面での
詳しい進め方を説明します。

加瀬　和子

子どもたちへの思いを態度で示そう

疲れています。

 座席が近いとか、家が近いとか、物理的なつながりで成り立っている低学年の人間関係は、期間限定の人間関係といえます。

 たまたま周りの子と相性がよければ、不安も不満もなく過ごすことができますが、何とも心もとない結びつきの日々を送っているのです。

 学年が上がると、自分が友達とうまくかかわれていないことは、なんとなく認識できるようになります。それだけに余計につらい場合があります。例えば、「友達関係を広げよう」と意図したはずの席替えも、そのような子どもには負担になっていることがあるのです。

 新学期の緊張感と気合でがんばって食べていた給食が、ほんとうはつらい。友達や先生の顔が怖く感じる……。それが連休明けは、さらに、さらに。

 そんな様子を見ると、「家庭のしつけ

100

や甘やかしがいけない」と、原因を追求したくもなります。しかし、原因探しを繰り返すよりも「〇〇ちゃん、どうしたの？ 困っているの？」と、まずは子どもに声をかけ、教師の思いを示してあげましょう。

朝いちばんの子どもの顔を見て、昇降口や教室で。給食を食べながらの語らいの場で。掃除を共にしながら……と、声かけの機会はたくさんあります。こうした声かけを継続することで小さな変化（瞳の奥のゆらぎさえ）も認められるようになるでしょう。

「前より片づけが上手になったのね」「〇〇さんにやさしくできたね」

教師の笑顔と数多くの具体的な評価で、子どもは力が満ち、エネルギーを蓄えることができます。

この時期は特に、子どもたちへの思いを、意図して態度で示そうと決意して、シャワーのように浴びせてあげたいものです。

5月前半　学級の友達を知ろう

「みんなといる私！」

学習形態も、教師が多くを語る一斉講義方式からグループワーク型へと工夫しましょう。認め合いや友達のよさ発見につながるように、教師が支援者となって、多くの友達とふれあう場をつくることが特に大事です。共感的関係を深め、自己存在感をしみじみと実感させてあげたいものです。

それには、自分についてできるだけたくさん人に教えたり、人から教えてもらったりすることが必要です。

四月は、自分に関して、ごく表面的なことを語る自己開示が主でした。五月といってもまだ感情や価値観などの深い自己開示は無理ですが、できるだけ多く自分を語る、人の話を聞くという体験を設定したいものです。

この時期に、自分たちの学級は「自分のことを語る」「相手が語るのを聞く」ということを大切にする学級だ、と認識できればしめたものです。

「木とリス」でもう一度友達発見

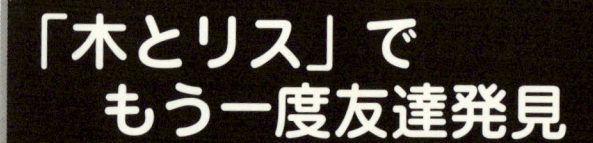

小倉千惠子

5月前半
学級の友達を知ろう

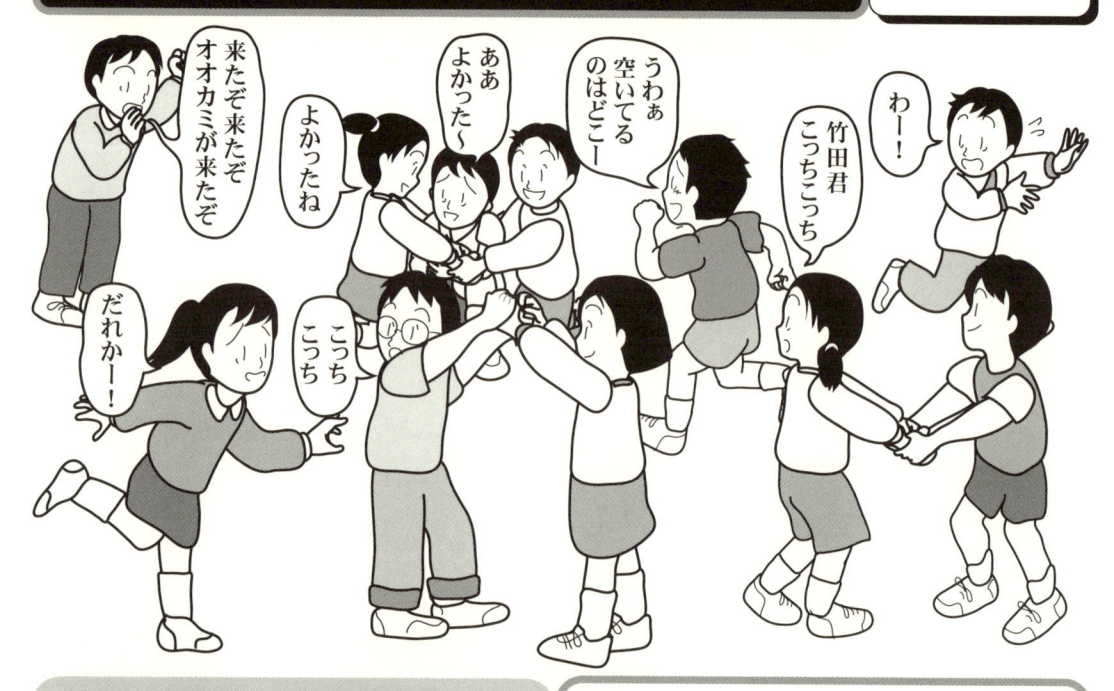

（イラスト中のせりふ）
- 来たぞ来たぞオオカミが来たぞ
- よかったね
- ああよかった〜
- うわぁ空いてるのはどこー
- 竹田君こっちこっち
- わー！
- だれか〜！
- こっちこっち

時間・場所
・学活，45分，体育館や大教室

準備
・人数の調整の仕方を考えておく。
・オオカミのせりふを大きく書いておく。

流れ
・3人組をつくり，2人が木，1人がリスになる。全体で1人がオオカミになる。
・オオカミのせりふに合わせ，木やリスは移動してグループをつくりかえる。
・グループになれなかった人が新しくオオカミになる。

ねらい
- 恥ずかしい気持ちをちょっと脇に置いて，いろいろな人とかかわってみる。
- ルールに従って集団で遊ぶ楽しさを体験する。
- 楽しく遊びながら友達の意外な一面にふれる。

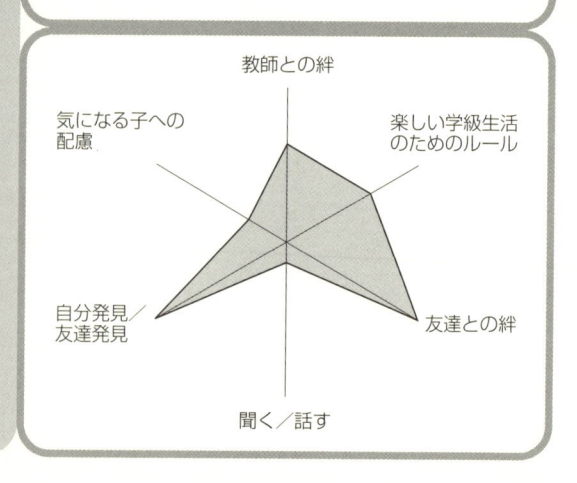

低 中 高

（レーダーチャート：教師との絆／楽しい学級生活のためのルール／友達との絆／聞く／話す／自分発見／友達発見／気になる子への配慮）

展開例　（2年生）

	教師のセリフ（★），指示（●）	児童のつぶやき（☆），留意点（・）
ねらい	★そろそろ新しい友達にも慣れて，仲よくなった人同士もいるでしょう。今日は，もっといろいろな友達との出会いを楽しめるゲームをします。好きとか嫌いとか，恥ずかしいとか苦手とかの気持ちは，部屋の端にちょっと置いておきましょう。さて，どんな楽しさが味わえるでしょう。	☆どんなゲームだろう。むずかしいかな。何になるのかな。 ・おもなルールは「ゴリラとオリ」（54ページ）と同じ。
説明・活動	★このゲームには，「木」と「リス」と「オオカミ」という3つの役があります。まず，3人でグループをつくりましょう。 ★3人組になった人は，まず2人が両手をつないで立ってください。この人たちはリスの住む「木」です。残った1人は「リス」です。木の真ん中に入ってしゃがみます。 ★オオカミさんは全体で1人です。初めは先生がやりますね。このオオカミさんは，何にでも変身できます。 ★オオカミさんは，次の3つの言葉の中から1つを選び，みんなに聞こえるようにはっきりと言います。 　①「来たぞ，来たぞ，きこりが来たぞ」 　②「来たぞ，来たぞ，オオカミが来たぞ」 　③「来たぞ，来たぞ，大嵐が来たぞ」 ★①の場合，木の人たちはきこりに切られないように逃げます。つないでいる手を離して違う人とペアをつくり，リスのところに行きましょう。オオカミさんは木に変身します。ペアになれなかった人が新しいオオカミになります。 ★②の場合，リスの人たちはオオカミに食べられないように別の木に逃げましょう。オオカミさんはリスになります。木に入れなかった人が新しいオオカミになります。 ★③の場合，嵐に飛ばされないよう全員がバラバラになり，新たに3人組をつくって役割を決めましょう。オオカミさんは何にでも変身できます。3人組に入れなかった人が，新しいオオカミになります。 ★オオカミさんは何に変身するか決めました。では始めます。 ●支援の必要な子と一緒に行動する。 ★はーい，ここまでです。	☆1人になったら嫌だな。 ☆オオカミになったら，どうなるんだろう。 ・3つのグループを前に出し，デモンストレーションしながら説明する。 ・低学年ではリスの子が帽子をかぶる。 ・オオカミのせりふは大きく書いて掲示する。 ☆3つのせりふ，覚えられるかな。オオカミの言葉で，みんなが動いたり，動かなかったりするんだな。 ☆みんなと手をつなげるかな。 ☆オオカミになったら，はっきり言えばいいんだ。 ・場所の広さによってはマイクを用意するとよい。
まとめ	★楽しかったですか。ゲームをしているときの気持ちや，感じたことを教えてください。 ★オオカミさんになった人の感想も教えてくれますか。 ★新しく友達について発見したことがあったら教えてください。 ★いろいろな人と声をかけ合ったり手をつないだりして，いつの間にか仲よくなっていましたね。お友達の印象が変わった人もいたようです。せっかく同じクラスになったのだから，みんながどんな人なのか，お互いにできるだけたくさん発見してくれたらうれしいです。	☆どこへ行こうか迷ったとき，友達が声をかけてくれてほっとした。友達の手って，あったかい。 ☆オオカミになったとき，ドキドキしたけど面白かった。

もっとあるよ！みんなのいいところ

諸木　美加

5月前半
学級の友達を知ろう

ふりかえりカード
名前（　　　　　　）

1. たくさんの友だちとできましたか。
   - 😊 たくさんできた
   - 😐 できた
   - ☹️ できなかった

2. 友だちについてあたらしいはっけんはありましたか。
   - 😊 たくさんあった
   - 😐 あった
   - ☹️ なかった

3. 自分についてあたらしいはっけんはありましたか。
   - 😊 たくさんあった
   - 😐 あった
   - ☹️ なかった

4. 思ったことを書きましょう。

（吹き出し）ミカちゃんはお友達に親切だね
（吹き出し）ほめられるとうれしいな

時間・場所
・道徳，45分，教室など

準備
・一人一人のよいところを考えておく。
・クラス全員の名前を書いたチェックシート
・振り返り用紙，筆記用具

流れ
・2人組でジャンケンし，勝った人から順に互いをほめ合う。なるべく多くの人と行う。
・ほめられてうれしかったことを発表する。
・振り返り用紙に感想を書く。

出典
・安達紀子「ほめあげ大会」國分康孝監修『エンカウンターで学級が変わる　小学校編』図書文化

ねらい
- もち上がりにより人間関係が固定化したり，交流が停滞している時期に，友達を見る新しい視点を与える。
- ほめたりほめられたりする喜びを味わい，積極的に人とかかわる意欲を高める。

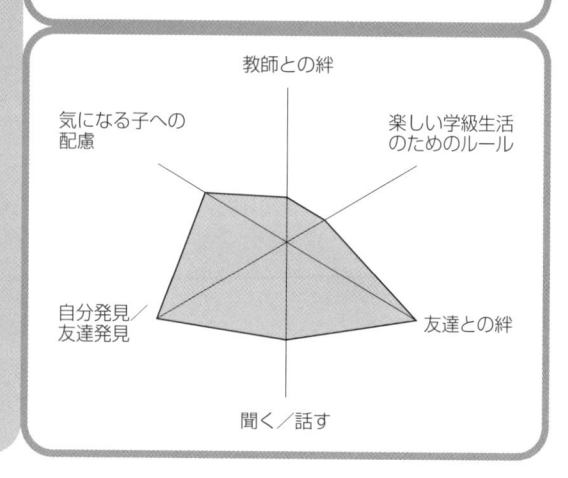

低
中
高

（レーダーチャート：教師との絆／楽しい学級生活のためのルール／友達との絆／聞く・話す／自分発見・友達発見／気になる子への配慮）

展開例 （2年生）

	教師のセリフ（★），指示（●）	児童のつぶやき（☆），留意点（・）
ねらい	★去年1年間でみんなとても仲よくなりました。2年生になったので，お友達のよいところをいっぱい教えてあげて，もっともっと仲よくなれるように，「ほめほめジャンケン」というゲームをやりましょう。	・動きやすいように，机は教室の隅に片づけておく。
説明・活動	★やり方を説明します。クラス全員の名前が書いてあるチェックシートを持って教室の中を歩き回り，出会った友達とジャンケンをします。勝った人は相手のいいところをほめながら頭をなでます。次に，負けた人も同じようにします。最後に2人でお互いの顔を見てにっこりしながら，握手をして別れます。ジャンケンした相手の名前には赤鉛筆で丸をつけます。どんどんジャンケンしてなるべく全員とやってみようね。 ●名前チェック用のプリントを配る。低学年なので，手順を黒板に示し，教師が実際に子どもとやってみせるとわかりやすい。にっこりする表情など，少しオーバーにやると子どもは喜ぶ。 ★ほめるときはどんなふうに言えばいいかな。みんなはどんなことをほめられたらうれしいだろう。 ●ほめる観点を一緒に話し合う。ほめ方の例も子どもたちと話し合って黒板に示しておくと，参考になって取り組みやすい。 ★それでは，始めましょう。 ●ほめるパターンの同じ子がいてもよしとする。照れて男女が握手したがらないこともあるが強制しない。 ●ほめることが見つからない子には，黒板の例や教師があらかじめ考えていたことでヒントを出してあげるとよい。 ●なかなか友達に声をかけられない子には，教師も入ってジャンケンを行う。教師にほめられるとうれしいし，教師のほめ方を周りで聞いていて参考にする子もいる。 ●ふざけていたり，ちょっかいを出している場合には注意を促す。	☆面白そうだなあ。 ☆握手するのは少し恥ずかしいなあ。 ☆全員とできたらいいなあ。 ・運動会などの行事を思い出して取り上げてもよい。 ☆こんなことをほめればいいんだなあ。 ☆え，僕のことをこんなふうに思ってくれてるんだ。うれしいなあ。 ☆ほめてもらうとうれしいな。私ももっとほめてあげよう。
まとめ	★時間でーす。どうでしたか？ お友達に言われてうれしいことがあったら，少し思い出して言ってくれるかな。 ●何人か指名する。教師は共感的に聞く。 ★たくさんほめてもらえてよかったね。ほめてもらうとやっぱりうれしいし，みんなのこともほめてあげたくなるよね。みんなのことも知りたいから，振り返りカードに書いてみてね。 ★早く書き終わった人は見せてくれるかな。 ●書いてある気持ちについて簡単にコメントしたり，「～だったんだね」とそのまま返すと子どもは納得する。書いてある意味がわからない場合は，簡単に質問してはっきりさせる。 ★みんなのうれしい気持ちが教室いっぱいにあふれている感じがします。1年生のときから一緒の友達だけど，これからもよく見つめて，いいところをたくさんたくさん発見していきましょう。	☆もっともっとほめたいことが見つかってきたのに。 ☆○○ちゃんに「友達に親切だ」って言われてうれしいです。 ☆□□君に「サッカーがうまい」って言われてうれしいです。 ☆今日のゲームをやってみて何だかうれしい。 ・このエクササイズでは「楽しい」より「うれしい」と感想を書く子が多い。

「お休みの日の秘密」を話そう

井上　久代

5月前半
学級の友達を知ろう

お休みの日のひみつ

年　　組　名前＿＿＿＿＿＿＿＿

★お休み中の思い出を書きましょう。

＿＿＿＿＿＿＿＿＿＿＿＿＿＿＿＿＿
＿＿＿＿＿＿＿＿＿＿＿＿＿＿＿＿＿
＿＿＿＿＿＿＿＿＿＿＿＿＿＿＿＿＿
＿＿＿＿＿＿＿＿＿＿＿＿＿＿＿＿＿
＿＿＿＿＿＿＿＿＿＿＿＿＿＿＿＿＿

書けたら，クイズにしたい部分を赤でかこみましょう。

★クイズを出すときにはなんて言ったらいいかな？

[　　　　　　　　　　]
を当ててください。

ヒント　いつ　どこ　だれ　何をしたか　なんと思ったか

（吹き出し）
- 食べるものかな？
- 何だろう…
- きのうお母さんとスーパーに行って、前から欲しかったものを買ってもらいました それは何でしょう 品物を当ててください
- 前から欲しかったもの？

時間・場所
・朝の会と学活，計45分，教室

準備
・「お休みの日のひみつ」カード
・フラッシュカード
・BGM
・筆記用具

流れ
・連休中の出来事を教師が自己開示する。
・連休中の思い出を各自でカードに書く。
・4人程度のグループになる。
・カードの内容からクイズを出して当て合う。
・全体にも紹介したいものを発表する。
・感想を話し合う。

ねらい
●休み中の話題をクイズとして出し合うことで，自然な自己開示を促し，休み明けの緊張をほぐす。
●工夫して問題を出したり，考えながら聞く活動を通して，話すことや聞くことの楽しさを味わう。

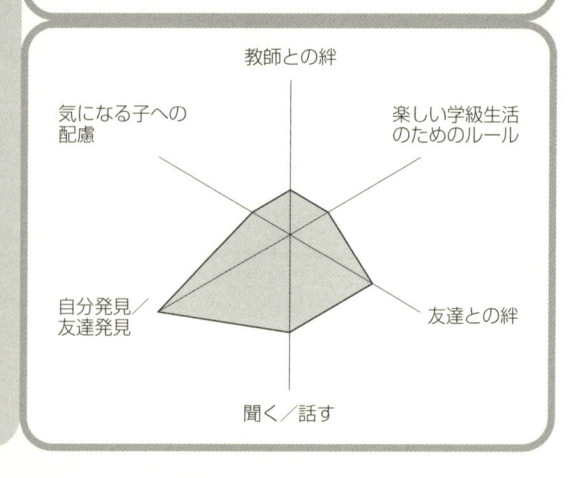

低　中　高

（レーダーチャート：教師との絆／楽しい学級生活のためのルール／友達との絆／聞く／話す／自分発見・友達発見／気になる子への配慮）

第4章　いますぐできるスタートダッシュ

展開例　（2年生）

	教師のセリフ（★），指示（●）	児童のつぶやき（☆），留意点（・）
朝の会	★お休みが終わり，久しぶりにみなさんの顔を見ることができてうれしいです。今日はお休み中の自分の生活の中から，ある一場面をクイズにして友達に当ててもらうゲームをしたいと思います。どんな問題が出るか楽しみですね。 ★まず始めに先生の「お休みの日の秘密」を話します。クイズになっています。最後まで聞いてから答えてくださいね。 ★お休みの最初の日の夕方，先生は大好きな○○と一緒に散歩に行きました。○○は花屋さんの花も見ないでスタスタ歩き，肉屋さんの前で立ち止まりました。先生はきれいなお花が見たかったので，「もう」と思いました。○○とはだれのことでしょう。さあ当ててみてください。 ●何人かに答えさせ，正解だったときには拍手するなどして，しっかり聞いていたこととよく考えたことをほめる。 ★ではみんなも，お休みの間のことで，楽しかったこと，いちばん印象に残っていること，みんなに伝えたいことなどをカードに書いてください。 ★書けたら，問題にする部分を赤で四角に囲みましょう。 ★クイズは学活の時間にしますから，それまで書いたことはないしょにしておいてね。	・「いつ」「どこ」「だれ」「何をした」「思った」のフラッシュカードを黒板に貼り，問題の部分に「？」を板書する。 ☆え〜と，あっ犬だよ！ ☆先生もお休みの日は，僕のお母さんと同じようなことをするんだな。 ・BGMをかけるとよい。 ☆何を問題にしようかな。公園で遊んだことにしよう。 ・カードを集める。学活までに目を通しておく。
学活	**＜クイズ＞** ★カードには，みんなのすてきな思い出がたくさんつまっていました。今度は，それをクイズにして友達に当ててもらいましょう。どんなクイズが出るかワクワクしますね。 ★それでは，同じグループの人と「お休みの日のひみつ」当てクイズをしましょう。初めに順番を決めてください。 ★問題を出す人は，最後に「○○を当ててください」と言いましょう。聞いている人は口をはさまずに，問題を全部聞いてから答えましょう。全部のグループが終わってから2番目の人に移ります。合図をしますから，早く終わってしまったグループは待っていてください。それでは最初の人，話してください。 ●ころあいをみて，次の順番の人に移るよう合図する。 ★これで全員終わりました。ほかの班の人にも出してみたいと思う問題がありましたか。 ●何人かを選びクイズを出題させる。クラス全体で考え，挙手で答えさせる。出題者には工夫して出題したことをほめる。 **＜振り返り＞** ★今日のクイズはどうでしたか。感想を言ってください。 ★お休み中のみんなの秘密がわかって楽しかったですね。明日からまた，○組のみんなと一緒に楽しく過ごしたいなと思います。これからもまたすてきな秘密を教えてくださいね。	・机を移動してスペースをつくっておく。 ☆答えは○○だと思う。でも，もうちょっと聞いてみよう。 ☆△△君は昨日○○さんと遊んでいたよ。 ☆△△君のクイズは面白いから，みんなに考えてもらおう。 ☆みんなが一生懸命考えてくれてうれしかった。○○のことをクイズにして，よかったな。

自分と同じ仲間を探そう

鈴木　康子

5月前半
学級の友達を知ろう

（イラスト内のセリフ）
- 好きな動物でグループをつくりましょう
- いっしょだ うさぎだ
- うさぎだよ
- ぼくは さるだ
- イヌ
- イヌ

時間・場所
・学活，45分，教室・体育館

準備
・事前に体育で模倣遊びをする。

流れ
・教師の言うテーマにそって，同じ意見をもっている者同士で集まる。ただし，しゃべらずにジェスチャーで伝え合う。「同じ誕生月の人」「好きな果物」「好きな動物」「やりたい遊び」など。
・何のグループかジェスチャーで発表する。
・感じたこと気づいたことを話し合う。

出典
・原田ゆき子「この指とまれ！」國分康孝監修『エンカウンターで学級が変わる　ショートエクササイズ集』図書文化

ねらい
● 自分と同じ考えや違った考えの友達を発見する喜びを味わい，親しみをもって友達との理解や関係を深め，広げる。
● 言葉がなくても心が通じ合う驚きと，喜びを味わい，自由な自己表現の意欲を高める。

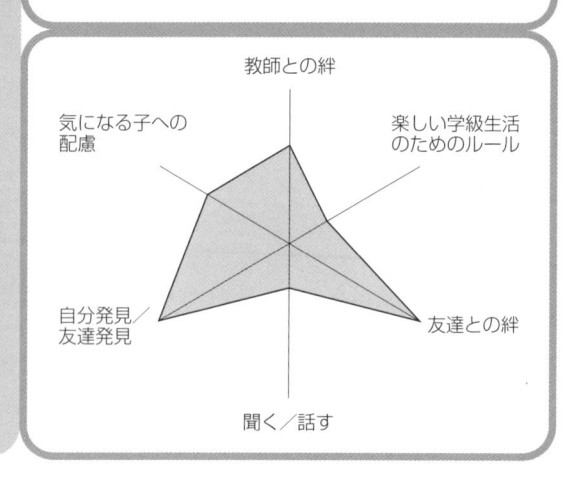

低　中　高

（レーダーチャート：教師との絆／楽しい学級生活のためのルール／友達との絆／聞く／話す／自分発見・友達発見／気になる子への配慮）

展開例 （4年生）

	教師のセリフ（★），指示（●）	児童のつぶやき（☆），留意点（・）
ね ら い	★学級にはたくさんの友達がいます。今日は自分と同じものが好きな友達探しをして，友達をもっともっとつくりましょう。	☆友達づくりをするんだな。
説 明	★これから同じ考えの友達とグループをつくっていきます。まず先生が質問するので，一人一人自分の答えを考えてください。そして同じ考えの友達とグループをつくりましょう。ただしルールがあります。しゃべらずにジェスチャー（身振り）で自分の考えを表してください。そして仲間が見つかったら，握手してグループになります。同じ考えの友達をたくさん見つけて，どんどんグループの人数を増やしていきましょう。最後は，先生が合図します。そのとき一緒にいる友達と手をつないで円になりましょう。	☆体育でやった「まねっこ遊び」みたいにやるんだな。 ☆いっぱい仲間を増やしたいな。
活 動	★まず簡単な問題から始めます。「生まれた月が同じ友達」とグループをつくりましょう。声を出さずにジェスチャーで相手に伝えましょう（まずウォーミングアップ）。 ★はい，そこまで。いまから月を言うので，手をつないで立ちましょう。同じ月なのにグループが離れていたときは，握手をしてグループに入りましょう。 ★では本番ですよ。「好きな果物」でグループづくりをします。果物の形や食べている様子をジェスチャーで表して，グループづくりをしましょう。 ★グループができましたね。ではこのグループは何のグループかみんなに当ててもらいます。同じ物が好きな人がいなかった人にもジェスチャーをしてもらうので，みんなで当てましょう。 ★次は，「好きな動物」でグループをつくりましょう。 ●果物のときと同じようにグループごとに発表する。 ★次は，「休み時間にしたい遊び」でグループをつくりましょう。 ●同じようにグループごとに発表する。	☆○○さんもイチゴが好きだったんだ。知らなかったよ。 ☆1人だったけどみんなに当ててもらって，ジェスチャーをほめられてうれしかった。 ☆遊んだことなかったけど，○○さんと同じ遊びが好きなんだ。一緒に遊びたいな。
ま と め	★いろいろなグループづくりをしてどんな気持ちがしましたか。初めて同じ考えだとわかった人のことや，新しく気がついたことをみんなに教えてください。 ●気持ちの表現を大切に受けとめる。また，気づいたことなどは，全体に問い直して，気づきを共有する。 ★では今日の休み時間には，最後にやった「休み時間にしたい遊び」で意見の多かった○○をして一緒に遊びましょう。	☆遊んだことがなかったけど，同じ考えの友達がいっぱいいることがわかってうれしかった。

お隣さんを どれくらい知っているかな

野口　尚子

5月前半
学級の友達を知ろう

友だち再発見！　　　年　組　名前

1. 校庭側，ろうか側に，自分と隣の人の名前を書きましょう。自分の名前の下は自分のことを書いてください。相手の名前の下には相手のことを想像して書きましょう。どれくらいわかるかな？

●校庭側の人の名前（　　　　　）　　　　　●ろうか側の人の名前（　　　　　）

①好きな食べ物は？		①好きな教科は？	
②好きな動物は？		②嫌いな食べ物は？	
③好きな色は？		③好きなスポーツは？	
④きょうだいは何人？		④何月生れ？	
⑤いまいちばん欲しいものは？		⑤宝物は？	
⑥好きなテレビ番組は？		⑥好きなタレントは？	
⑦得意なことは？		⑦集めている物は？	
⑧好きな歌は？		⑧自分を動物にたとえると？	
⑨よく遊びに行くところは？		⑨好きな給食は？	
⑩将来の夢は？		⑩いま熱中していることは？	

2. ぴったり合った数　□

3. 新しく発見したこと，気づいたこと，わかったことを書きましょう。

時間・場所
・学活，20分，教室

準備
・ワークシート，えんぴつ，赤えんぴつ

流れ
・隣の席の友達と，2人組をつくる。
・10問の質問に，1人は「自分」について，1人は「相手」について答える。
・照らし合わせて，何問合っていたか発表する。
・交替して同様に質問に答える。
・答え合わせをして，感じたことを発表する

出典
・朝日朋子「友達，大好き！」國分康孝監修『エンカウンターで学級が変わる Part 2　小学校編』図書文化

ねらい
●友達のことを再発見するとともに，隣同士になった人との，心の絆を深める。
●クイズをきっかけにして，さらに友達のことを知る。

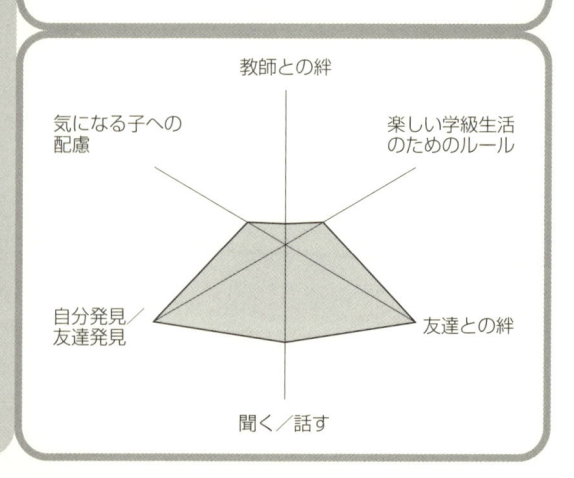

低／中／高

展開例 （3年生）

	教師のセリフ（★），指示（●）	児童のつぶやき（☆），留意点（・）
ねらい	★今日は「友達再発見」というゲームをします。いま，隣同士で座っている友達は，まったく知らない人ではありません。勉強したり一緒に給食を食べたりしている友達ですね。でも意外に知らないところも多いかもしれません。今日は，お隣に座っている友達のことをどれだけわかっているか，確かめるゲームをしてみます（ワークシートを配布する）。	☆○○ちゃんとは，あんまり遊んだことないから，知らないことが多いだろうな。
説明	★これから10の質問をします。校庭側に座っている人は，「自分について」答えてください。廊下側に座っている人は，隣の人の答えを予想して答えます。ぴったり答えが合っている人は，友達のことがよくわかっている人といえますね。では，答えが見えないように書いてください。 ★どうしてもわからないときは，空欄にしてもいいですが，この友達のイメージだと，きっとこれで合っているのでは，と勘を働かせて書くのもいいでしょう。しゃべったり，合図を送ったりしないようにします。	☆わからないことは書かなくてもいいかな。
活動	★1問から読み上げます。（1～10問まで読み上げる） ★では，答え合わせをしますが，予想が違っていたら正解を赤えんぴつで書き込んでください。ぴったり合った数を下の箱に書きましょう。 ★ずいぶん会話がはずんでいますね。何問合っていましたか？ 10問合っていた組は？ 9問の組は？ ……。 ★ぴったり合わなくても，これはゲームだから恥ずかしくないですよ。 ★では，交替して2回目の質問をします。校庭側の人が廊下側に座っている友達のことを予想してくださいね。 ●1回目と別の質問で10問読み上げる，答え合わせを行う。 ★次に，答え合わせをして感じたことを書きましょう。 ●初めて知ったこと。意外だったこと。気づいたことなど。	☆合っていたよ！ ☆えー違った。わからなかったよ。 ☆え，そうなんだ！ 知らなかったよ。 ☆すごい！ ぴったりだ！ ☆もっといろいろな友達ともやってみたい。
まとめ	★感じたことを発表してくれる人はいますか。 ★最後に，今日のゲームを振り返って，感想をワークシートに書きましょう。 ★今日は，友達のことを真剣に考えるゲームをしました。友達のことをもっと知りたいと思う人もいましたね。これから，いろんなお友達と隣同士になるけれど，今日の気持ち，今日感じたことを忘れないで，もっともっと友達のことを知って仲よくなれるといいですね。	☆○○君のことをぜんぜん知らなかったので，もっと知りたいと思いました。 ☆○○君が私のことをよく知っていてくれて，うれしかったです。

いままでありがとう 席が替わってもよろしくね

角田　悦子

5月前半
学級の友達を知ろう

```
　　　　　さん・くん　へ




　　　　　　　　　　　　　　より
```

カード
（一人につき班の人数分を用意する）

吹き出し（イラスト内）：
- 握手をしてひとこと言ってカードを渡しましょう
- 同じ班になれて楽しかったよ
- ありがとう！
- 今までありがとう！
- 一番最初に話しかけてきてくれてうれしかった

時間・場所
・学活，事前＋30分，教室

準備
・カード（1人につき班の人数分）

流れ
・席替えを行う1週間前に予告する。
・カードを配り，1週間の間に班の一人一人について，いいところと感謝の気持ちを記入する。
・席替えの直前にカードを交換する。
・カードを読んで感想を発表しあう。

出典
・竹下なおみ「ありがとうカード」國分康孝監修『エンカウンターで学級が変わる　小学校編』図書文化

ねらい
●新学年で初めて同じ班になった友達と感謝の気持ちを伝え合うことで，友達と学級への安心感をもつ。
●肯定的，受容的な学級の雰囲気をつくり，新しい友達づくりへの意欲を高める。
●自分のよさに気づき，自己受容を高める。

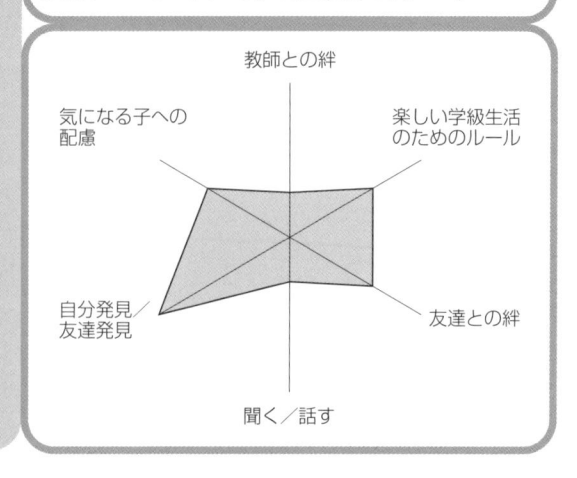

低／中／高

レーダーチャート軸：
- 教師との絆
- 楽しい学級生活のためのルール
- 友達との絆
- 聞く／話す
- 自分発見／友達発見
- 気になる子への配慮

展開例 （4，5年生）

	教師のセリフ（★），指示（●）	児童のつぶやき（☆），留意点（・）
席替えの一週間前	★新しい学年になってから，そろそろ1カ月がたちます。初めて同じ生活班になった友達と仲よく過ごせましたか。いよいよ来週には席替えをします。そこで今日から1週間，同じ班の友達のいいところをあらためて探してみましょう。いいところというのは，次のようなことです。 ・友達にやさしく接していた ・困っているときに助けてくれた ・クラスのために何かをしてくれた ・何かを一緒にやって楽しかった ・一つのことを一生懸命がんばっていた　など ★いいところを見つけたり思い出したりしたら，「こんないいところがあったよ」となるべく詳しくカードに書いて，「それを見て自分はこんなふうに感じたよ」と感想も書いてあげましょう。来週の席替えの前にカードの交換会をします。友達や自分のことについて新しい発見をすることで，もっと仲よくなれると思いますよ。 ●班の人数分のカードを配り，交換会までに記入させておく。なかなか書けない子には，教師が一緒に考え支援する。	・席替えの1週間前に行う。 ☆4月も終わるから席替えがしたいな。そういえば，同じ班になって〇〇くんと仲よくなれたな。 ☆1週間あれば，思い出したり見つけたりして書けそう。 ・帰りの会などで記入する時間をとるとよい。
席替え前のカード交換会	<カード交換会> ★これから，みなさんが書いてくれた「いいところカード」の交換会をします。初めに司会者を班で1人決めてください。 ★司会者の進行でカードを交換します。まず1人を指名して，全員が順番にその人にカードを渡すように進行してください。 ★カードを渡すときは，いままでの感謝の気持ちを込めて握手をし，何かひとこと言って渡すようにしましょう。中身は，班の全員が交換し終わってから，1枚1枚じっくりと読みましょう。それでは，交換会を始めます。 ●各班の様子を見て回る。 ★全員と交換が終わった班は，カードを読んでください。心を落ち着けて静かに読みましょう。 ★もらってうれしかったカードのことを，班で伝え合いましょう。 <振り返り> ★交換会をしてみて，感じたことを全体に発表してください。 ★発表してくれた人，いいところを見つけてくれた人にみんなで拍手をしましょう。 ★カードを読んでうれしい気持ちになった人がたくさんいましたね。知らなかったみんなのいいところを先生もたくさん発見できました。席替えをしてもいまのメンバーと仲よくしてほしいし，また新しい友達のいいところをたくさん見つけてほしいと思います。	・席替えの前に行う。 ・班で机を向かい合わせる。 ・司会者を決めて，簡単に進行の仕方を確認する。 ☆一緒の班になって楽しかったよ。 ☆僕の〇〇なところを見つけてくれてありがとう。 ☆「いちばん初めに話しかけてくれて，やさしい人だと思った」と書いてもらってうれしかったよ。 ☆僕にもいいところがあると思って，うれしかった。もっと友達のいいところを見つけたい。

「サッカージャンケン」を みんなで楽しもう

前田 清枝

5月前半
学級の友達を知ろう

よーし、負けないわよ

守りチーム

ジャンケンに勝ちたいな 早くこないかな…

負けちゃった

攻めチーム

攻めチームがジャンケンにスタートラインまで戻る

攻めチームがジャンケンに勝ったら次の列に進み、ジャンケンをする。

時間・場所
・学活，30分，体育館・校庭

準備
・笛，紅白帽，振り返り用紙，筆記用具

流れ
・2チームに分かれ，先攻と後攻を決める。
・守りチームの最前列が7人，2列目が6人，3列目が2人，いちばん後が1人になるように並ぶ。
・攻めチームが守りチームにジャンケンをしに走る。勝ったら1列前に進む。いちばん後ろのキーパーに勝ったら1点。これを交代する。

出典
・竹下なおみ「サッカージャンケン」國分康孝監修『エンカウンターで学級が変わる 小学校編』図書文化

ねらい
●友人関係の固定化を防ぐため，ジャンケンゲームを通して，日常はかかわりが少なくなっている友達と楽しいムードの中でふれあい，友達や先生とのリレーションづくりをする。

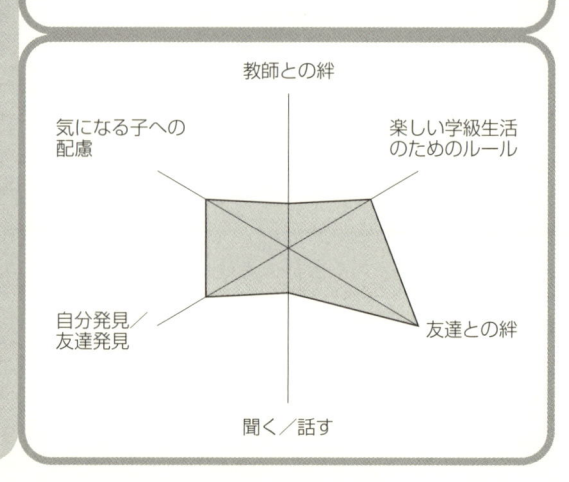

低 / 中 / 高

教師との絆 / 楽しい学級生活のためのルール / 友達との絆 / 聞く／話す / 自分発見／友達発見 / 気になる子への配慮

114

展開例 （6年生）

	教師のセリフ（★），指示（●）	児童のつぶやき（☆），留意点（・）
ねらい	★進級後，クラスの中でまだ親しく話し合っていない友達もいますね。そこで，これから新しい友達づくりのゲームをしたいと思います。ボールを使わず，握手やジャンケンでサッカーをします。	☆ボールを使わないサッカーってどんなのかな。
説明	★2つのチームに分かれます。守りのチームは1列目に7人，2列目が6人，3列目が2人，いちばん後ろのゴールキーパー1人に分かれます。攻めの人は，スタートラインに並び，合図があったら守りの1列目の人のところへ行って「よろしくね」と言って，握手をしてからジャンケンをします。勝ったら2列目に進みます。これを続けてキーパーに勝ったら得点になります。1度でも負けたらスタート地点に戻って1列目の人からジャンケンし直さなくてはなりません。握手をするときは，必ず相手の目を見て，アイコンタクトをとりましょう。 ●実際に子どもを動かしながら説明する。中学年以下は，紙に図を書いておくとわかりやすい。 ●チームの分け方は，機械的にする。	☆えー，女子と握手するの？。 ☆握手なんか男子とやったことないなあ。 ☆楽しそうだなあ。 ☆ゴールキーパーをやりたいな。 ☆アイコンタクト？　目と目を合わせるのね。 ☆よし，得点を取って絶対勝ってやるぞ。 ☆握手をするのは恥ずかしいけど，勝ちたいなあ。
活動	★それでは作戦会議をして，ポジションを決めましょう。両チームのゴールキーパーのジャンケンで先攻，後攻を決めましょう。 ★守りのチームはポジションにつきましょう。攻めのチームはスタートラインに並びましょう。急ぎすぎて友達を押したり，倒したりしないように気をつけましょう。 ●得点を取ることに夢中になりすぎる子がいるので，ルールを守ることを確認させる。 ★ようい，スタート！ ●配慮を要する児童の握手の様子などを観察し，必要に応じて声かけをする。 ★終わり！ ●攻めと守りを交代して，後半戦を行う。	☆少しでも早く，進んだほうが得だね。スピード出すぞ。 ☆ワーッ，負けてばかりでまたスタートからだ。疲れるけど勝ちたいな。 ☆ワーイ，ゴールキーパーに勝ったぞ。2回目に挑戦だ。 ☆もっと時間がほしいな。
まとめ	★みんなすごく夢中になって，汗もびっしょりでほんとうのサッカーをやったみたいですね。 ★振り返り用紙に，いまの自分の気持ちを書いてください。書きたくないところは，無理に書かなくてもいいですよ。 ★書いたことをみんなの前で発表してもいいという人は，発表してください。 ★「○○さんと初めて握手をした」という人が大勢いて，楽しくゲームしながら，いつの間にか友達とかかわっていましたね。ほかの活動にも，生かしていきたいムードですね。 ●得点ではなく，いろいろな友達と握手やジャンケンをしたことの大切さに気づかせる。	☆相手のチーム全員と夢中で握手しちゃった。 ☆勝ち進むとほんとうのサッカーをやってるみたいで，楽しかった。 ☆男女気にしないで，握手やジャンケンができた。またやりたいな。

運動会はみんなで心の応援団に

三橋 勉

5月前半 学級の友達を知ろう

楽しみな運動会。でも不安が…

運動会は、学校行事の中でも、子どもたちが最も楽しみにしているものの一つです。子どもの心が躍るとき、しかしその半面で、不安も生まれやすいときといえます。

子どもたちが運動会に対してもつ不安の内容は十人十色です。

足の遅い子は、「徒競走でビリになるかもしれない」。

足の速い子は、「リレーの代表選手に選ばれたけれど、バトンパスで失敗したらどうしよう」。

また別の子は、「仕事が忙しいって言ってたけど、お父さんも応援に来てくれるかな?」などと家族のことを心配している、といったぐあいです。

担任として、子どもたちの不安を理解し、軽減してあげるような援助をしたいものです。

手紙を通して不安を知る

まず初めに一人一人の不安の内容を知ることから始めます。子どもたちに便せんを渡し、次のように話します。

「もうすぐ運動会ですね。みなさん一人一人がいままで一生懸命に練習してきたけれど、不安に思っていることはありませんか。もし、不安に思うことがあれば先生にこっそり伝えてください。その便せんに思っていることを書いて、明日、提出してください」

翌日、集まった手紙を読み、返事を書きながら、不安を感じている一人一人についての対応策を考えます。練習により自信がつきそうな子の場合は、休み時間などに個人練習を行い、自信がもてるように指導します。

しかし、ただ練習を増やすだけでは不安が取り除けない問題に関しては、不安を軽減するためにクラスみんなでその子を励ます、「心の応援団」になります。

低 中 高

> 運動会に対して感じている不安を語り合うことで，子どもたちの自然なあたたかさが発揮されます。

みんなで心の応援団になろう

人間はだれでも、これから何かをやろうとするときには、少なからず不安を感じるものです。心が揺れている、そんなときこそ、人のやさしさがとてもあたたかく、ありがたく感じます。不安を感じている子どもたちには、精一杯心を傾けて応援してあげましょう。できれば、先生一人だけではなく、クラス全員にその子を応援してあげる気持ちを育てたいものです。

まずは、不安に感じていることについて、お互いに耳を傾けることから始めます。ただし、この際は、個人のプライバシーに十分配慮してから行うことが大切です。子どもたちに、もしも自分だったら、という気持ちを起こさせて、どうすればいいか、どうしてほしいのかを考えさせます。

話し合ううちに、「実は、僕も同じだよ」とか「私も似ているわ」といった意見も出てくるかもしれません。案外、不安を感じているのは一人だけではなく、みんな似たような不安を抱えているものです。この事実を知っただけでも、不安に感じていた子どもの心はぐっと軽くなります。

最後にカードを配り、お互いに励まし合う応援メッセージを書きます。出来上がったら、カードを一人一人に手渡します。

応援メッセージを心のお守りに

運動会当日には、友達や先生からの励ましのひとことが書かれた、「応援メッセージカード」が子どもたち一人一人のお守りになります。

実際にお守りを身につけて競技に参加してみると、「このおかげで最後までがんばれたよ」などのうれしい報告も後から聞くことがあります。

運動会という大きな行事では、不安な心に寄り添うことが、先生に対する信頼感やクラスの友達との友情を深めるよい機会となるのです。

席替えで みんなと仲よくなろう

平林かおる

5月前半 学級の友達を知ろう

低・中・高

席替えは出会いの場

「今日は席替えだよ」。こう言うやいなや、子どもたちは大歓声をあげます。

学級の組織もスムーズに動き始める五月は、友達同士の結びつきを深めるのによい時期です。グループ編成がうまくいけば、子どもたちは新しい環境の中でも安定して、ふれあう喜びや協力する楽しさを味わい、学級が活気づいてきます。

五月の席替えは、子どもにとって新たな出会いの場です。自由に席替えの方法を選ばせるのもよいですが、学級のスタートダッシュを大切にするなら担任が決めるほうがよいでしょう。

視力や聴力など身体的な配慮も忘れないようにします。またみんなが満足した席替えができるとはかぎりません。次回の席替えの時期を決めて、知らせておくとよいでしょう。

では、じっくり検討して学級にふさわしい方法を選んでみてください。これはそのほんの一例です。

席替えの方法

【お見合い式】

偶然性の強い決め方です。気の合わない子同士が隣り合うこともありますが、どの学年でも人気なのがこの方法です。男女の席はあらかじめ決めておきます。男子と女子に分かれ、一方が室内で席を決めている間、もう一方は廊下で待ちます。席が決まったら交代して今度は廊下に出て待ちます。男女とも決まったらご対面です。

人間関係が広がるよい面もありますが、隣同士の関係に気を配り続けたり、友達関係が固定しがちになることもあるので、担任が声をかけたりすることが必要です。

【ねるとん式】

お見合い式の偶然性をなくし、相手を選べるようにする方法です。

男子と女子でそれぞれ集まって、班の

学級の組織もスムーズに動き始める5月は，友達同士の結びつきを深めるのによい時期です。

数と同じに分かれます。次にどこの異性グループと一緒の班になりたいかをそれぞれ決めます。そして一緒の班になりたい異性のグループのところへ行ってお願いをします。「なぜ、同じグループになりたいのか」という思いや抱負を語らなければなりません。このやりとりで、新しい関係がスタートです。OKをもらえば班の成立です。自分たちを選んでもらえたといううれしさがあるようです。

【くじ引き】
生活の基盤となる班なので、男女の席は決めておきます。視力など配慮の必要な児童には特別ゾーンをつくり、その中でくじを引くようにします。
もち上がりのクラスの場合、衝突しやすい子が隣同士になったり、なぜかいつも一緒になってしまって不満を言う子もいたりしますが、自分で引いたくじなので不平はかなり少ないです。しかし席替え後の観察がかなり必要でしょう。

【リーダー集結式】
行事などでグループ活動が活発になる

時期によいでしょう。グループの核となるリーダーを立候補させ、思いを語らせます。自分の思いと一致するリーダーのところへ行き、グループを構成します。自分の思いと一致する集団づくりが可能になります。

【メンバーを探せ式】
ある条件を満たすよう友達を探してグループをつくります。「生まれた季節が春夏秋冬の人が全員いる」などのほかに、ペットや地区、血液型などもあります。

【先生おすすめ式】
担任が人間関係などを考慮して決めます。一カ月間の学級の実態を考え、子どもたちが満足できるよう熟慮が必要で教育的効果がいちばん高い方法です。

【みんなバラバラ】
席替え前の班の中でジャンケンをして順番を決めます。「一番の子は一班へ、二番は二班へ」と全員違う班へ散らばるので再度同じ班にならず、いろいろな友達と出会えるので人気があります。

家庭訪問では保護者との人間関係づくり

塚本 充

5月前半 学級の友達を知ろう

なぜ家庭訪問か

A教諭が訪問を終えて帰校したときのことです。「どうして家庭訪問をするんですか」と母親に問われ、その返答に困ったということでした。家庭訪問をなぜ行うのか、といったねらいを十分理解していなかったのです。これはA教諭に限ったことではありません。

家庭訪問は、語り合う場を家庭に設定し、安心感のある空気の中で話し合えることに、まず価値があります。

さらに、家庭訪問の目的には、次のようなものがあげられます。

① 児童の家の所在地を知ること
② 通学路の安全を確認すること
③ 学区内の施設や自然環境を知ること
④ 家庭環境や家での様子を知ること
⑤ 保護者の学校への要望を聞くこと
⑥ 保護者と教師が互いに知り合うこと

このような目的を十分理解したうえでの訪問であれば、もっと多面的に多く

準備は万全に

保護者は、新しい学級でわが子がどのように過ごしているのか、具体的な様子を聞きたいと願っています。また、話す場が家庭ということもあり、プライベートな話も出てきます。それに十分こたえることで、「担任の先生は子どものことをよく見て指導してくれている」と安心するのです。

新しい学級が始まってから家庭訪問までわずか一カ月の期間ですが、子どもたちのよさや努力している点をまとめておく必要があります。日ごろから児童の観察・記録に心がけることです。特に目立たない子や何かと問題を起こしがちな子のよさなどをしっかりとらえておきたいものです。

こうした努力が、短い訪問時間の中で有意義な話し合いを生みます。わが子に

の情報を入手することができ、成果も上がることでしょう。

「子どもたちのよさ」というあたたかなおみやげを持って訪問すれば，有意義な家庭訪問になります。

ついてあたたかく，そしてきめ細かに語る教師に，保護者は，あつい信頼感をもつのです。

事後処理は早めに

「とても参考になる話がたくさん聞かれてよかった」と言いながら，帰校後すぐにノートを広げ記録しているB教諭。

保護者への気疲れや歩き疲れでひと息つきたいところですが，すぐに訪問の内容をまとめているのです。通学路の様子，学級内の友人関係，保護者の要望や願いなど記録に残しておくことはたくさんあります。内容によっては，すぐに学年内で話し合ったり，校長や教頭に伝えることも必要になってきます。数日たってからでは思い出せないことも多くなります。訪問当日に，面倒でもしっかりとまとめておくことが大切です。

また，保護者から得た情報の中で必要なものは，訪問のお礼を兼ねた学級便りでできるだけ早く報告するようにしたい

訪問時間を守って

家庭に限らず訪問をするときのエチケットとして大切なことは何でしょうか。

それは，指定の時間にうかがうように心がけることです。学校から出された訪問時間に合わせて，迎えの準備をしている保護者の方々がいます。早くうかがうのも困りますが，二十〜三十分も遅れるようでは，話にもなりません。これでは教師への信頼もどこかへ行ってしまいます。

まず，少しぐらい話が延びてもいいように，移動時間に余裕をもった計画にすることです。

もし，時間どおり終えたときには，通学路の様子を調べたり，次の話を考えたりするゆとりが生まれるでしょう。また，「わが家の訪問時間が短かった」などといった不公平感を生まないためにも，時間を守ることは大切です。話が長引くようでしたら，遠慮せず，やんわりと失礼することです。

目立つ子のかげに……

出会いから約二カ月。

学級担任は校務分掌の提案に始まり、家庭訪問、春の運動会、教育実習の受け入れなどに忙殺され、子どもたち一人一人にじっくりかかわれないままに日々を過ごし、ようやく一段落するのがこのころです。

始業式初日にすぐ名前を覚えてしまう元気な子や、発表や運動などで活躍する子、そのかげに、目立つかみどころのない子、まだ顔に緊張の残っている子、一人ぼっちでいる子など、気にはかかっていたけれど、声や手をあまりかけていなかった子どもたちがいます。

そんなとき、小さな記録の積み重ねが、少しずつ子ども像を語り始めます。

客観的な記録が語るもの

① 毎日の健康観察

健康観察は、休みがちな子の理由が、病弱だからなのか、休日の翌日に休みがちなのかを示してくれます。また、遅刻についても同様です。

新しい学年でがんばろうと思っていた子どもも、そろそろ息切れがしてくるころです。ここで気になったことを前担任や養護教諭に相談し、必要なら保護者に話します。

② 宿題調べ・忘れ物調べ

宿題や忘れ物調べは、賞罰のための資料ではなく児童理解のための記録です。学習習慣のつきにくい理由を、子どもと話し合い、解決していくための資料になるとよいと思います。

③ 発表や行動の観察

発表や行動の観察のメモから、気になる子の様子が浮かび上がってきたら、その子に照準を合わせたグループエンカウンターの計画を立てます。

自尊感情のもてない子のために、周りの子や担任が「あなたのこんなところがすてきだよ」といったメッセージを送

5月後半は，学級や一人一人の実態を見きわめ，自己肯定感を育てます。
このページの後に，学級づくりのそれぞれのテーマや場面での
詳しい進め方を説明します。

岩瀬　伸子

り、自信がもてるようなエクササイズを実施したり、いろいろな場面で「私メッセージ」を用いて、その子への言葉かけをします。

④グループエンカウンターの振り返り用紙など

グループエンカウンターの振り返り用紙には子どもたちの率直な気持ちが表されています。これは、エクササイズの内容や方法が的確だったか、意図したねらいが伝わっているかなどの反省材料になります。

反省を踏まえたうえで、今後のエンカウンターの実施計画を立てるとよいと思います。

一学期の折り返し地点

子どもたちは、新しい学級にも慣れ、緊張がとけて自分を出すようになります。この時期は、担任も多面的な角度から子どもの行動の理由を見つめられるようになると思います。

5月後半　お互いを認め合おう

保護者の方々とも家庭訪問などで人間関係ができたところなので、連絡帳にていねいに返事を書くと、さらに気持ちが通じるようになります。これは、私自身が保護者としての立場で、自分の子どもの担任の先生との関係において、実際に体験していることです。

子どもでも大人でも言えようとするときにはまず、人間関係ができていることが大切です。四～五月のうちに子どもとも保護者とも心の通った人間関係ができて、そこではじめて支援や指導ができるのだと思います。

ですから、話す機会の少ない保護者には電話連絡や、直接訪問をしたりしてアプローチするように努めています。

クラスの基礎はまず開かれた人間関係づくりから。そして、児童理解のために記録をとっていくことをこの時期、大切にしていきたいと考えます。

「今日のMVP」で友達のよいところに気づこう

水野 敬子

5月後半
お互いを認め合おう

吹き出し（イラスト内）

- 野口さんが給食でこぼれたところをふいていました
- ぼくがこぼしたんだけど、どうしたらいいかわからなくて
- 私も助けてもらったわ
- すごいね
- 他にも助けてもらった人はいませんか
- 野口さんは何回かそうやってしてくれているみたいですね

時間・場所
・帰りの会，5分，教室

準備
・振り返りカードと筆記用具（学期末）

流れ
・毎日の帰りの会でその日よいことをした人を発表する。MVPの人に拍手を贈る。
・学期の終わりに，振り返りカードに，友達のどんなよいところを見つけたかを記入し，発表する。やってみて感じたことを話し合う。

ねらい
● 友達の活動をよく見て，よいところを見つける。
● 思いやりややさしさをもって，友達に接することができる。
● 自分でよいと思うことは，率先してできる。

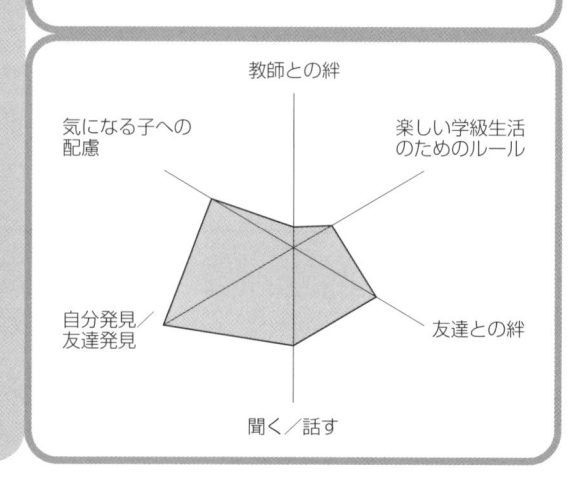

レーダーチャート軸：教師との絆／楽しい学級生活のためのルール／友達との絆／聞く・話す／自分発見・友達発見／気になる子への配慮

低・中・高

展開例 （5年生）

	教師のセリフ（★），指示（●）	児童のつぶやき（☆），留意点（・）
初回の説明	★クラスの友達のことがだんだんわかってきたころですね。そこで友達のことをもっとよく知るために，毎日「今日のMVP」選びをしたいと思います。MVPとは，よく活動した人，がんばった人，よいことをした人のことです。 ●新しいクラスになって友達とも慣れてきたところで，まだ見えていない部分があることに気づかせる。 ★いままで友達にしてもらって，うれしかったのはどんなことですか？ ●いままでの経験を聞くことによって，具体的にどんなところを見ればいいのかを確認させる。 ★みんなが気づかないところで，クラスのために活動した人を見かけたのはどんなときですか？ ★友達に手伝ってもらったり，助けてもらったりしたことを，「今日のMVP」で発表します。また，みんなが気づかないところでよいことをしている人もいます。そういう人を見つけて，帰りの会で発表してください。 ●発表することによって，互いに認め合う。	☆MVPを選ぶなんてすごいな。どんな人が選ばれるだろう。 ☆忘れ物をしたときに，○○君が貸してくれた。 ☆教室に落ちていたゴミを○○さんが拾って，ゴミ箱に捨てていたよ。 ☆そうか，友達のいいところを見つければいいんだな。
帰りの会で	★発表する人は，MVPの人の名前と理由，そして，それを見て感じたことや考えたことを言いましょう。 ●毎日，日直が「今日のMVPはいませんか？」と聞く。 ●同じ人ばかりがMVPに選ばれたときは，いろいろな人に目を向けるように促す。 ★聞いている人は，発表後，MVPの人に拍手を贈りましょう。 ●友達のよいところをみんなでほめ合い，拍手をしてその児童を賞賛する。発表できた児童にも賞賛の目を向けるようにする。	☆今日○○さんが，散らかっていた本を整理していました。僕は○○さんが整理していてはじめて散らかっていることに気づきました。○○さんってよく気がつくなあと思いました。
学期末	●毎日の帰りの会で行った「今日のMVP」をもとに学期の終わりに友達のよいところ振り返る。 ★今学期，友達のどんなよいところが見つけられたかカードに書いてみましょう。 ●あまり見つけられなかった児童には「来学期は見つけよう」と声をかける。 ★書いたことを発表してください。 ★MVP探しの活動をして，どんな気持ちだったかカードに書きましょう。 ★いろいろなよいことがありましたね。みんなたくさんのよいところを見つけることができたね。友達のよいところを見つけられることはすばらしいです。自分では気づかなかったよいところもたくさんあったと思います。だから来学期も友達のよいところをたくさん見つけてみましょう。	 ☆○○さんは，動物の世話をよくしていました。やさしい人だということがわかりました。 ☆照れくさいような，でも気持ちいいな。 ☆2学期も友達のいいところをたくさん見つけよう。

同じっていいね でも違うもいいね

山宮まり子

5月後半 お互いを認め合おう

私と同じハートの人はだれ？ ぼくと違うハートの人はだれ？

年　組　名前

1. 自分の選んだ答えを書きましょう。

第1問	第2問
第3問	第4問

2. 感じたことを書きましょう（楽しかった？　理由が言えた？　どんな話が心に残った？　どう思った？　など）

3. 自分と全部同じ答えを選んだ人が見つかるかな。

カレーライス

- どうしてカレーを選んだの？
- 甘口とか辛口とか自分で選べるから
- 同じ　同じ
- とってもいい香りだよ

時間・場所
・学活，40分，教室

準備
・画用紙16枚，個人カード，筆記用具

流れ
・「どれが好き？」という問いに，4つのコーナーから1つを選択し，同じ選択肢に集まった者同士で理由を聞き合う。
・同様の繰り返しを行う。
・感じたことを振り返り，同じ好みの人を探す。

出典
・竹下なおみ「四つの窓」國分康孝監修『エンカウンターで学級が変わる　小学校編』図書文化
・「ハートピッタリはだれ」國分康孝監修『教師と生徒の人間づくり第4集』瀝々社

ねらい
● 自分と同様の好みをもつ友達，また違う友達と出会い，多様な人間の存在に気づき，認め合う。
● クラスにはさまざまな好みをもった友達がいるから楽しい！　という気持ちをもつ。
● お互いのことをこれからも知っていこうという気持ちをもつ。

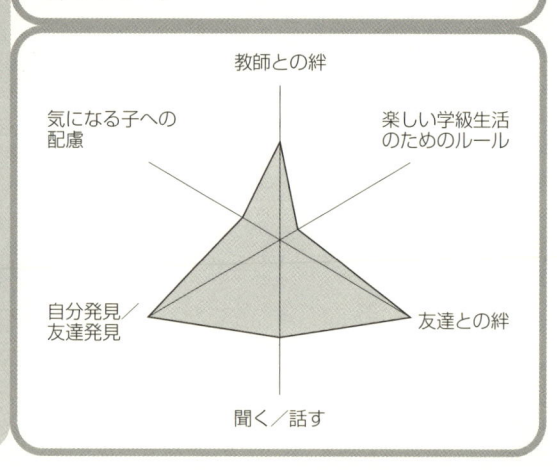

低　中　高

レーダーチャート：教師との絆／楽しい学級生活のためのルール／友達との絆／聞く／話す／自分発見／友達発見／気になる子への配慮

展開例　（2年生）

	教師のセリフ（★），指示（●）	児童のつぶやき（☆），留意点（・）
ねらい	★新しいクラスになって，もう1カ月半。お友達のことが少しずつわかってきたかな？　私もみんなのことけっこうわかってきたけれど……，でもまだまだわかってないこともありそう。そこで今日はもっと友達のことがよーくわかることをしましょう。「私と同じハートの人はだれかしら？　僕と違うハートの人はだれかなあ？」うーん，聞いてみなければわからないよね。だれがいるかしら？　楽しみですね。では，はじまりはじまり。	☆えっ，何やるの？　ハートが同じ人を探すの？　何だか，面白そう。いるかなあ。
説明	★まず，私が質問をします。自分の答えにいちばん近いものを，貼ってある4つのカードの中から選んで，自分のカードに書いてください。次にそのカードのところへ集まってください。その後，どうしてそれを選んだか，わけを話し合います。 ●1人ずつに記入用のカードを渡す。	☆ない場合は自分の答えにいちばん近いと思うところに行けばいいんだね。
活動	●「おすし・ハンバーグ・カレーライス・フライドチキン」の掲示用紙をクラスの中に貼る。 ★第1問。あなたの好きな食べ物はどれですか？ ●悩んでいる子には声をかける。（ゆっくり考えていいよ） ★同じカードのところに集まった人がハートピッタリさんですね。まずはごあいさつ。握手もしてみましょう。（握手は状態をみて，できるようならする） ★それでは，どうしてその食べ物が好きなのか，2人組で尋ね合いましょう。私が見本をみせるね。「どうして，あなたはこれが好きなのですか？」（1人の児童を相手にモデルを見せる） ●子どもたちの様子を見ながら，次のカードを用意しておく。 ●「ライオン・キリン・サル・ゾウ」の掲示用紙を貼る。 ★第2問。あなたの好きな動物はどれですか？ ★ごあいさつの後は，3人組でわけを尋ね合いましょう。 ●「国語・算数・理科・社会」の掲示用紙を貼る。 ★では，第3問。あなたの好きな教科はどれですか？ ★ごあいさつの後は，4人組になってわけを尋ね合いましょう。4人いなければいる人だけでいいよ。 ●「春・夏・秋・冬」の掲示用紙を貼る。 ★では，第4問。あなたの好きな季節はどれですか？ ★ごあいさつの後は，グループ全員でわけを尋ね合いましょう。	☆ウーン，悩むなあ。 ☆好きな食べ物をカードに書いて，同じ掲示の前に集まる。 ☆カードに書いて移動。 ☆へえ，理科が好きなんだね。知らなかったよ。
まとめ	★それでは，班ごとに集まって，感じたことを話し合いましょう。 ★班でどんなお話が出たのか，言ってくれる人はいませんか？ ★今日の振り返りをカードに書きましょう。 ★最後に自分とハートピッタリの人はいるか，探してみましょう。 ●お互いにカードを見せ合いながら探させる。いた場合は，みんなに紹介する。いない子には「いろいろ自分と違う友達がいるから，楽しいんだね」と声をかける。	☆わー，僕とぜんぜん違うねえ。 ☆同じところがあるね。 ☆ハートピッタリなんて，すごいなあ。今度は違う質問でやりたいな。

「アドジャン」で楽しく語ろう

平田 元子

5月後半 お互いを認め合おう

「アドジャン」わだいシート

合計数	しつもん	チェック
0	①生まれかわるとしたら，男，女？ なぜ？ ②すきなあそび	
1・11	①お母さん，○○してくれてありがとう ②お父さん，お母さんに言いたいこと	
2・12	①すきなきょうか ②もし5000円を1人で使えたら何をするか	
3・13	①自分のすきな食べもの ②きゅうしょくでいちばんすきなもの	
4・14	①すきなテレビばんぐみ ②テレビに出ているすきな人	
5・15	①かぞくのしょうかい ②かったことのあるどうぶつとその名前	
6・16	①左にいる人のいいところ ②自分のいいところ	
7・17	①大きくなったらなりたいもの ②ようちえん，ほいくえんのころの思いで	
8・18	①自分の学校のいいところ ②いまいちばんほしいもの	
9・19	①自分のクラスのいいところ ②先生にひとこと	
10・20	①さいきんうれしかったこと ②いちばんいってみたいところ	

時間・場所
・学活，40分，教室・オープンスペース

準備
・テーマシート，振り返り用紙，筆記用具

流れ
・たくさんの人と普通のジャンケンをする。
・グー＝0，人さし指＝1，チョキ＝2，3本指＝3，4本指＝4，パー＝5として相手と同じ数が出たら握手。出るまで続ける。
・0～5までのジャンケンをし，4人の合計数に合う話題を1人ずつ話す。

出典
・滝沢洋司「アドジャン」國分康孝監修『エンカウンターで学級が変わる ショートエクササイズ集』図書文化

ねらい
●友達と段階的にかかわり，仲間づくりの契機とする。
●友達の話をよく聞き，自分との共通点を探す。
●友達のことをよく知り，お互いに肯定的に認め合う。

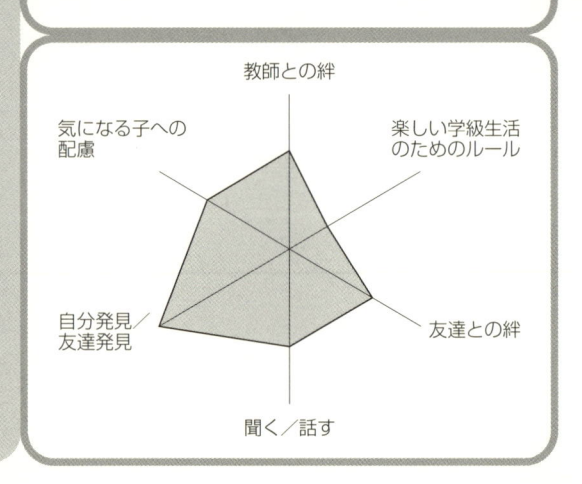

低 中 高

展開例 （2年生）

	教師のセリフ（★），指示（●）	児童のつぶやき（☆），留意点（・）
楽しくジャンケン	★今日はジャンケンゲームをします。ふつうのジャンケンとは違うところがあるので，先生の話をよく聞いて楽しくやりましょうね。 ★初めは練習です。教室の中を歩き回っていろいろな人とふつうにジャンケンをしましょう。勝った数を覚えておいてください。同じ相手とは1回だけ，できるだけたくさんの人とジャンケンします。時間は2分です。始めましょう。 ★（2分後）やめましょう。何回勝ちましたか？ ★○○さんが8回勝ちました。すごいですね。拍手。 ★次のジャンケンは「アドジャン」といいます。グー＝0，人さし指＝1，2本指＝2，3本指＝3，4本指＝4，パー＝5というジャンケンです。相手と同じ数が出るまで続けて，あいこになったら握手をして別れます。一度先生とやってみましょう。準備はいいですか？ アドジャン！ ★では，たくさんの人とアドジャンしてください。時間は5分です。始めましょう。 ★（5分後）たくさんの人と握手できましたか？ ★△△さんは5人のお友達と握手したそうです。	☆わーい，ジャンケンだ。早くやりたいな。ふつうのジャンケンじゃないってどんなのだろう。 ☆ジャンケン大好き。 ☆わーい勝った。8回勝ったよ。 ・回数を聞くことで，多くの人とかかわる動機づけにする。 ☆指を全部使うんだって，面白そう。同じ指を出せばいいんだね。 ☆なかなかあいこにならないな。3人しか握手できなかった。
アドジャンで話そう	★最後に「アドジャン」で話し合いをします。4人組をつくりましょう。 ★新しいクラスになってそろそろ2カ月。お友達のこともだいぶわかってきたでしょう。でも，今日はもっともっとよく知ることができるように，いろいろな話題で話してみたいと思います。 ★やり方を説明します。まず4人でアドジャンをして，出た指の数を合計します。いま配ったプリントから合計の数と同じところに書かれている話題を探し，それについて全員が順にお話をします。同じ枠の中に2問ありますが，最初は上の段の問題について1人ずつ順に話します。そして，ジャンケンをしてまたさっきと同じ枠の合計数になったら，今度は，下の段の問題について話します。時間は25分です。では，始めましょう。 ●質問項目は学級の実態や時期に合わせて工夫するとよい。	☆どんな話をするのかな。 ・各組にプリントを配る ☆全部足すと13だ。○○さんてイチゴが好きなんだって。私と同じだ。
まとめ	★では，ここまでにしましょう。今日はお友達ともっともっと知り合ってもらいたくて，アドジャンをしてみました。みんなは，グループの人の話をよく聞くことができたでしょうか。自分の話はよく聞いてもらえたでしょうか。アドジャンをして初めて知ったこと，意外に思ったことなどがあったらグループの人と話しましょう。 ★では，振り返りをプリントに書きましょう。 ★今日は，お友達とたくさんジャンケンしましたね。この次は，質問を変えてまたやりましょうね。	☆○○さんはハムスターを飼っているんだって。◇◇さんはお花屋さんになりたいんだって。 ・感想を全体で交流してもよい。

友達によいところを伝えてあげよう

山本　光恵

5月後半
お互いを認め合おう

（男の子）忘れ物をしたとき、貸してくれるところが好きです

（女の子）遊びに誘ってくれるところが好きです

時間・場所
・学活，30分，教室

準備
・前もって友達の好きなところを探しておく。
・BGM
・振り返り用紙，筆記用具

流れ
・音楽に合わせて歩き，出会った人と握手をする。
・2人組になり「あなたのこんなところがいいですよ」と3分間言ってあげる。交代する。
・ペアをかえて繰り返す。
・振り返りカードに感想を書き，発表する。

出典
・安達紀子「あなたの○○が好きです」國分康孝監修『エンカウンターで学級が変わる　小学校編』図書文化

ねらい
● 「○○さんていいな」と友達の好きなところに目を向けることで，友達のよさに気づき，人間関係をスムーズにする。
● 仲間に対するよい印象をもつ。
● 友達に自分を知ってもらい，「自分っていいな」と思えるようになる。

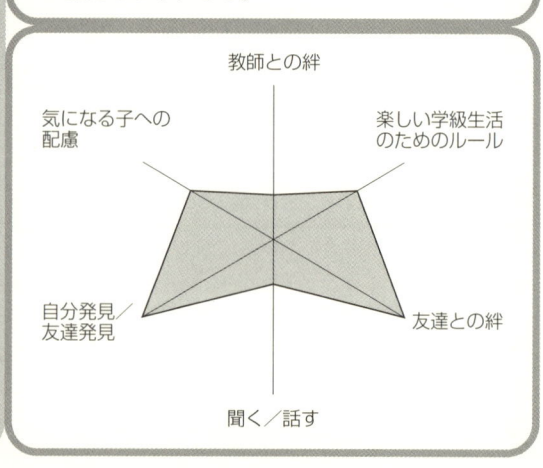

低／中／高

レーダーチャート：教師との絆／楽しい学級生活のためのルール／友達との絆／聞く・話す／自分発見・友達発見／気になる子への配慮

展開例 （1年生）

	教師のセリフ（★），指示（●）	児童のつぶやき（☆），留意点（・）
ねらい	●前もってクラスの友達の好きなところを，探すように話しておく。 ★最近は新しい友達のことも，だいぶわかってきたようですね。今日は友達の好きなところを探して，「あなたのこんなところが好きですよ。よいところですよ」と教えてあげましょう。できるだけたくさん見つけてあげて，友達に喜びのプレゼントをしましょう。	☆○○さんのよいところなら，たくさんあるなあ。
説明	★これから音楽を流します。その間にできるだけたくさんの人と握手をしてください。 ●男女にこだわらずに，いろいろな友達と握手するように呼びかける。 ★では始めます。音楽が止まったときに，握手をしていた人とペアをつくってください。 ★いまからそのペアの友達について，好きなところを見つけてください。どんなことでもよいです。例えば，やさしいところとか，顔がいいところとか，目がきれいなところなど，たくさん見つけて話してあげてください。先生がやってみますね。	☆男子や女子に関係なく握手するんだね。 ☆ちょっと握手しにくい子がいるな。でもみんな動いているから，思いきって握手してみよう。
活動	★まずペアの人とジャンケンをして，勝った人から相手の人について，自分が好きなところを話してください。できるだけたくさん見つけましょう。 ★3分たちました。交代してください。 ★時間です。うまく友達の好きなところを見つけて，伝えることができましたか。 ★今度はペアの人をかえて，もう一度やってみてください。	☆よいところを言うと，相手はとってもやさしい顔になるのね。
まとめ	★振り返りカードに感想を書きましょう。友達と話しているとき，どんな気持ちになりましたか。 ★カードに書いたことを発表してください。 ★相手の好きなところを見つけたり，自分のどんなところが相手に好かれているのかわかったりなど，新発見はありましたか。大事にしていきたい気持ちですね。 ●自分はこんなところが好かれている，ということに気づかせる。 ●1年生では，話し合いを中心に行うが，2年生では好きなところを手紙に書いたり，グループ（4～5人）で紙を回して書き合うなど，工夫することができる。 ●今回は握手によるペアづくりを取り入れているが，クラスの実態に応じて，人数や構成メンバーを工夫できる。	☆人から自分のよいところを言ってもらえてうれしい。 ☆私の○○なところがいいって言われて，うれしいと思ったよ。

話を最後までよく聞き合おう

萩原美津枝

5月後半
お互いを認め合おう

下絵

時間・場所
・学活，30分，教室

準備
・下絵，色鉛筆6本（赤・青・黄・茶・緑・肌色），情報カード12枚，振り返りカード，筆記用具

流れ
・4人1組になり，カードを1人に3枚配る。
・書かれた情報を読み合いながら，情報をもとに下絵に色をぬって，1枚のぬり絵を完成させる。
・感じたことを振り返る。

出典
・坂野公信監修　横浜市学校GWT研究会著『色えんぴつを忘れちゃった』『協力すれば何かが変わる　続・学校グループワークトレーニング』遊戯社

ねらい
●自分の言いたいことを言うだけではなく，友達の話もしっかり最後まで聞くことが大切なことに気づく。
●お互いに認め合い，協力しあう心地よさを，体験する。

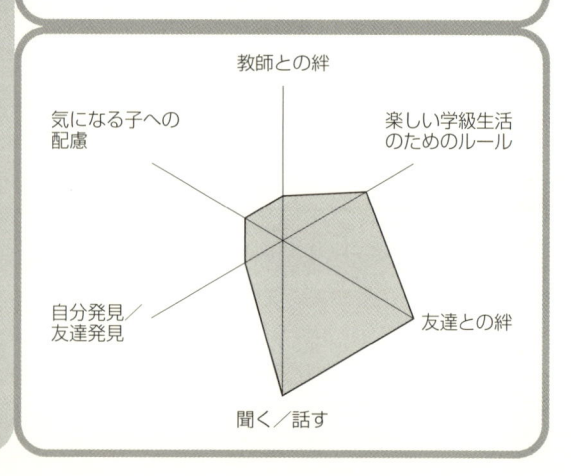

低 / 中 / 高

教師との絆
楽しい学級生活のためのルール
友達との絆
聞く／話す
自分発見／友達発見
気になる子への配慮

展開例（2年生）

	教師のセリフ（★），指示（●）	児童のつぶやき（☆），留意点（・）
ね ら い	★このごろ友達とみんなで仲よく当番や係の活動をしていますか。うまくできてない人もときどきいるようですね。今日は，グループのみんなが，上手に話をしたり，話を聞いたりするゲームをしましょう。 ●4人グループをつくらせ，情報カードと下絵を配る。	☆何それ。ゲームだって。面白そう。
説 明	★この前，全校遠足に行ってきましたね。お弁当おいしかったよね。これは色がついてなくておいしそうではありませんね。グループの友達と力を合わせて色をぬりましょう。 ★色鉛筆6本〔赤，青，黄，茶，緑，肌色〕を用意して，グループの人で分けて持ちましょう。 ★どんな色にするかは，このカードに書いてあります。このカードと色鉛筆の使い方には4つの約束があります。 ①カードは12枚です。トランプのように裏返しにして，よくきってからみんなに配ります。 ②自分がもらったカードは，人に見せてはいけません。 ③カードに書いてあることは，必ず言葉で友達に伝えます。 ④自分が持った色鉛筆は，最初から最後まで自分だけで使います。友達と取り換えたり貸したりしてはいけません。 ★あわてなくてもいいですから，カードを読むときはみんなに聞こえるようにしっかり読みましょう。聞く人は絵を見ながらきちんと聞きましょう。	☆なあんだ，色ぬりすればいいのか。 ☆1人で1本か2本ずつ持てばいいんだ。 ☆あのカードに何か書いてあるんだよ。 ☆カードを見て色をぬるんだ。
活 動	★自分がもらった3枚のカードは最後まで自分で持っていてください（情報カードを裏返して1組ずつ配る）。 ★情報カードを分け合って始めましょう。時間は20分です。 ●約束を守って活動しているかを把握しながら，机間指導を行う。約束を忘れているときには声をかける。 ●タイミングよく自分のカードの情報を言葉にできないと予想される子どもには，背後からそっと声をかけて言うように促す。 ★終わったグループは静かに手をあげて先生に知らせましょう。 ●終わったグループには，もう一度確かめさせ，正しく色をぬっていたら振り返りカードを書くように話す。	☆早くやろう。 ☆約束を確認しながら，カードを分け，自分のカードを読み合う。 ☆○○さん，何て書いてある？ほかのも読んでみて。 ☆わかった。女の子の洋服は靴と同じだから赤だよ。
ま と め	★すてきな絵ができましたね。いつも静かにしてる△△さんに，同じグループの友達が声をかけてあげているのを見て，先生はとてもうれしい気持ちがします。どのグループもよく話を聞くことができましたね。 ★振り返りカードに，がんばっていた様子を書いて教えてね。 ★グループのみんなで力を合わせて，がんばったのですね。これからもお友達の話をしっかり聞いたり，言いたいことをきちんと言ったりして，楽しいクラスにしようね。	・友達が聞いてくれたことを思い出させ，お互いあたたかい気持ちを味わわせる。

情報カード（遠足編）

1. リュックサックはきいろです。
2. 水とうは、男の子のようにくのいろとおなじです。
3. 女の子のくつは赤いろです。
4. 男の子と女の子がおにぎりを食べています。
5. 女の子のようにくしとくつはおなじいろです。
6. ちゃいろのくつをはいている子どももいます。
7. ふたりは白いくつしたをはいているので、いろはぬりません。
8. みどりのくさばに、ならんですわっています。
9. 男の子は青いろのようにくをきています。
10. スカートは、みどりをかさねたいろです。
11. かおと手とあしははだいろです。
12. 男の子のズボンは、男の子のはいているくつとおなじいろです。

ふりかえってみましょう

なまえ _____

1. たのしかったですか？
   たのしかった　すこしたのしかった　あまりたのしくなかった

2. 友だちと、なかよくできましたか？
   できた　すこしできた　できなかった

3. じぶんのカードにかいてあることを、きちんといえましたか？
   いえた　だいぶいえた　いえなかった

4. 友だちのはなしを、よくききましたか？
   よくきいた　だいぶきいた　あまりきかなかった

5. 友だちは、あなたのはなしを、よくきいてくれましたか？
   よくきいてくれた　だいぶきいてくれた　あまりきいてくれなかった

♥ あなたのがんばったことや、友だちががんばっていたところを、先生におしえてください。

_____

第4章 いますぐできるスタートダッシュ

グループの仲間一人一人の活躍を大切にしよう

金原 直美

5月後半
お互いを認め合おう

ふりかえりカード　名前（　　　）

1. 班の仲間のがんばりで気づいたことを書いてください。
   - [　　]さんのこと
   - [　　]さんのこと
   - [　　]さんのこと

2. やってみて，友達のいろいろな面を発見しましたか。
   とても発見した　発見した　あまり発見しなかった　発見しなかった

3. 自分も班の人といっしょにがんばりましたか。
   とてもがんばった　がんばった　あまりがんばらなかった　がんばらなかった

4. またやってみたいですか。
   とてもやりたい　やりたい　あまりやりたくない　やりたくない

5. この時間に思ったり感じたりしたことを書いてください。

（吹き出し）
- かもめはこのへんでいいかな？
- そうね、少しかたむいていたような気がするわ
- よく覚えているね

低 中 高

時間・場所
・学活，40分，教室

準備
・見本の絵（B4判）数枚，鉛筆（各自1本），見本の絵と同じ大きさの白紙（各グループに1枚）を用意する。
・活動前に見本の絵を廊下に貼っておく。
・振り返り用紙

流れ
・グループで協力して，廊下にある見本の絵を時間内に再現して描く。
・やってみて感じたことを話し合う。

出典
・坂野公信監修　横浜市学校GWT研究会著「人間コピー」『学校グループワーク・トレーニング』遊戯社

ねらい
- 協同作業をする中で見えてくる友達のよさに気づく。
- 1人でできないことでも，協力すればできるという思いを味わい，他者の大切さに気づく。
- その人らしい集団へのかかわり方をあたたかく受け入れる仲間づくり。

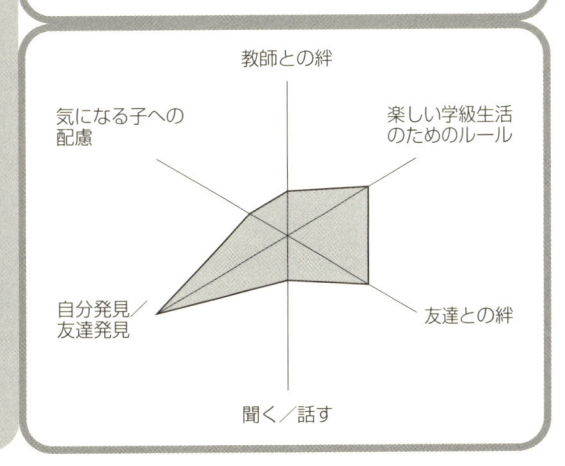

（レーダーチャート：教師との絆／楽しい学級生活のためのルール／友達との絆／聞く／話す／自分発見・友達発見／気になる子への配慮）

展開例（4年生）

	教師のセリフ（★），指示（●）	児童のつぶやき（☆），留意点（・）
ねらい	★新しい班になってしばらくたちました。最近班の仲間で活発に活動できていますね（または，○○でちょっと残念だなと思っています）。みんなはどう思いますか。みんなのがんばりがもっと大きく育つように，楽しくグループの友達のよさを見つけていきたいと思います。「コピーの機械」を知っていますか。（子どもたちが知っていることを発表）そうですね。今日は，みなさんがコピーの機械になるゲームをしたいと思います。	☆1枚の絵や写真とまったく同じ物が何枚も印刷できる機械のことだよ。 ・4～6人のグループ。各グループに1枚，見本の絵と同じ大きさの白紙を配っておく。鉛筆を各自が用意。
説明	★廊下に1枚の絵が貼ってあります。その絵を見て，グループに配った紙にまったく同じ絵を描いてください。ルールは，何度見に行ってもかまいませんが，1回に見に行く人はグループで1人です。見に行くときは何かを持って行ってはいけません。 ●活動中グループ同士がぶつからないスペースを十分とる。 ★（子どもたちが作戦を立てたいと言ったとき）グループで作戦を立てる時間をとります。うまくコピーするにはどんな作戦が有効か，アイデアを出し合ってみましょう。	☆みんなで協力すると，うまくできそうだな。 ☆作戦を立てよう。見に行く順番を決めたらどうかな。いいね。だれが最初に見に行く？ よし。力を合わせてがんばろう。
活動	★何か質問はありますか。時間は12分間です。それでは，みんなで力を合わせて始めてください。 ●6分，10分過ぎに時間を知らせる。 ★（うまく描けない，進度が遅いグループに）1人ですべてを伝えようとしなくてもいいですよ。見てくるポイントをしぼってみんなで少しずつ分担してみたらどうかな。	☆○○は何個だったかな。次は私が見てくるよ。×個だったよ。ナイス。次は◇◇だ。 ☆△△はたしかこのへんだったかな。そうそう。すごい。□□君，絵がうまいね。
まとめ	★はい時間です。みなさん手を止めてください。どのグループも，とても立派なコピーができましたね。グループで挑戦しているとき，友達のどんな活躍が心に残っていますか。振り返りカードに書いてみましょう。 ★では，グループの中でみんなに発表しあってください。 ★最後に今日のゲームを通して感じたことを発表してください。 ★今日はみなさん全員が力を合わせて取り組みました。自分のできることをせいいっぱい行いましたね。そういう活動の中で意見をまとめた人，アイデアを出した人，それを認めてあげた人，絵をすすんで見に行ったり，描いたりした人と，友達のよさをたくさん見つけることができました。	☆いい考えを出したのはだれかな。そうだ。○○さんだな。 ☆なかなかうまく描けなくて悔しかった。 ☆少しむずかしかったけど面白かった。またやりたい。 ☆いつもより積極的にやれた。楽しかった。 ☆それぞれのやり方で協力したからできたんだね。

第4章 いますぐできるスタートダッシュ

問 題 例

みんなのことを知っているかな当たるかな

三橋 勉

5月 後半
お互いを認め合おう

この人はだれでしょう？

自分の名前 [　　　　　　]

1. 私は（男子・女子）です。
2. 好きな食べ物は（　　　　　）です。
3. 私の好きな歌手・タレントは
   （　　　　　　）です。
4. 私のきょうだいは，
   お兄さん（　）人，お姉さん（　）人
   弟（　）人，妹（　）人です。
5. 私の趣味は（　　　　　）です。
6. 私はいま，将来
   （　　　　　　　　）
   になりたいな（したいな）と思っています。

この人はだれでしょう？

年　組　名前（　　　　　　）

	予想	正解		予想	正解
1			2		
3			4		
5			6		
7			8		
9			10		
11			12		
13			14		
15			16		
17			18		
19			20		
21			22		
23			24		
25			26		
27			28		
29			30		
31			32		
33			34		

時間・場所
・学活，10分＋40分，教室

準備
・質問用紙，解答用紙，全員の名前リスト，筆記用具

流れ
・教師が自分を題材にしてやり方を例示する。
・質問用紙を配り，答えを記入させてクイズの問題文にする。
・教師が質問用紙を1枚ずつ読み上げ，だれのことかを当てる。
・答え合わせをして，感想を話し合う。

ねらい
● 自分のことを友達にもっとよく知ってもらうことで肯定感を高める。
● 友達についての新たな情報を得る。
● 友達についてまだまだ知らないことがあることに気づき，かかわり行動への積極性を高める。

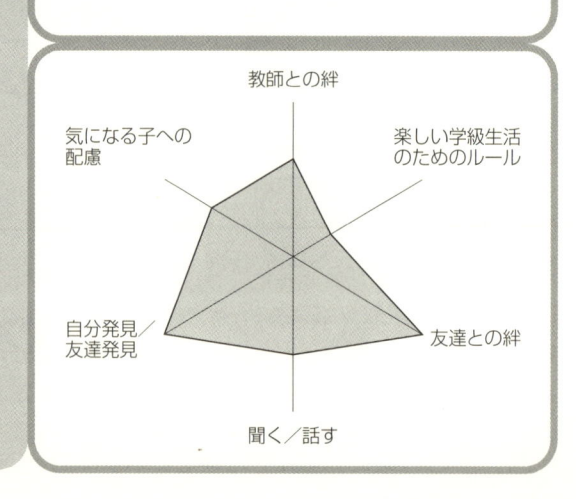

低 / 中 / 高

展開例 （5年生）

	教師のセリフ（★），指示（●）	児童のつぶやき（☆），留意点（・）
ねらい・説明	**＜プリントへの記入＞** ★みんなはクラスメートのことをどれくらい知っているでしょうか。ここでクイズです。「私は漢字の書き順を書くのが苦手です。体育は得意だけど，走るのはあまり速くありません。給食の献立では，カレーライスが大好きです」。さて，この人はだれでしょう。わかった人は，手をあげてください。 ●いくつか答えが出た後に，同じ答えの人が何人いるのかを挙手させると，全員の子がクイズに参加して楽しむことができる。 ★正解は，なんと「先生」でした。正解者に大きな拍手！ ★いまのようなクイズを，今度の学活の時間にクラス全員で行ってみます。そこで，これから配るプリントの質問に正直に答えを書いてください。問題にします。 ●質問数は3～5問が適当。質問項目の例は下記を参照。 血液型，住所，ペット，好きなこと，苦手なこと，得意なこと，好きな芸能人やテレビ番組，家族，性格，好きな給食の献立，将来なりたいもの，嫌いなもの，食べ物の好き嫌いなど。 ●質問用紙を集め，よくかき混ぜて番号を振っておく。	☆なんだか先生のことのような……。わかった！ ・中学年では，答えをすぐに口に出さないよう注意する。 ・あらかじめ問題を印刷しておくか，口頭で伝える。子どもたちのリクエストに応じて項目を決めてもよい。 ・質問項目は，子どもたちの実態に応じて，自己開示の深さを調整する。
活動	**＜クイズ＞** ★では，いよいよクイズを始めます。友達の意外な秘密が聞けるかもしれません。このクイズを通して，友達のことをもっとよく知るきっかけにしてください。 ★第1問，……（順に全員分の問題を読み上げる）。 ●子どもたちの発言を受けとめて，会話を盛り上げる。 ●問題を読み上げ，答え合わせをするのは意外と時間がかかる。クラスの人数に応じてやり方を工夫する。 ★これで全員のクイズが終わりました。答え合わせをします。正解を言いますから，名前を呼ばれた人は立ってください。 ★1番，おすしが好物，お兄さんが1人いて，将来パイロットになりたいのは○○君でした。○○君は飛行機に詳しいんだよね。続いて2番，好物はリンゴ，妹が1人いて，将来先生になりたいのは□□さんでした。□□さんは……（以下，正解を発表する）。 ★これで，答え合わせは終わりです。何問正解しましたか。	・解答用紙と全員の名前のリストを配布する。 ☆だれだろう？　きっと○○さんのことだ。 ・一人一人に対して，短くコメントしていくと，教師とのリレーションづくりにもなる。
まとめ	★「この人はだれでしょう」をやってみて，みんなはどう感じましたか。手をあげて発表してください。 ★このクイズが楽しかった人は挙手してみてください。 ★友達のことがよくわかった人は挙手してみてください。 ★当てるのはむずかしかったですね。でも今日はたくさんのことがわかりました。これからは，ぜひたくさんの人と直接話をしてみてください。きっと，いろいろな発見があると思います。そして，もっともっと友情を広げてほしいと思います。	☆□□さんと同じ趣味だった。今度，遊んでみよう。 ・正解の数や男女の偏りなどについて振り返らせてもよい。 ・質問項目を変えれば，何度でも楽しめる。

新しい発見をして もっと仲よくなろう

濱辺ますみ

5月後半 お互いを認め合おう

「たんていごっこ」

年　組　名前

[ねらい] 情報を交かんしあい，新しい発見をして親近感を高める。
[やり方] ①2人でジャンケンをして勝ったら上から順に質問していく。
名前を書いたら交代。②友達の名前は1回しかつかえない。
（　）の中も1人だけ書く。③人に聞いたり教えない。

1. 水泳で200メートル以上泳げる人　（　　　）
2. ご飯がたける人　（　　　）
3. ピアノが弾ける人　（　　　）
4. 高校生のお兄さんがいる人　（　　　）
5. 高校生のお姉さんがいる人　（　　　）
6. うわばきを自分で洗っている人　（　　　）
7. 飛行機に乗ったことのある人　（　　　）
8. 11月生まれの人　（　　　）
9. 歯のきょうせいをやったことがある人　（　　　）
10. 外国に行ったことのある人　（　　　）
11. 男だけ・女だけのきょうだいの人　（　　　）
12. 子どもだけで一晩お家の留守番をしたことがある人　（　　　）
13. いなかまで一人かきょうだいだけで行ったことがある人　（　　　）
14. けがをしてぬったことがある人　（　　　）
15. 北海道に行ったことがある人　（　　　）

●初めて知って驚いたのはだれのことですか？

●今日の活動は？　　楽しい：5-4-3-2-1：つまらない

時間・場所
・学活，40分，教室

準備
・質問シート（※項目は学級の実態に合わせて決めておくとよい），筆記用具，歩き回れる場所

流れ
・自由に歩き回り，2人組でジャンケンする。
・用紙にある質問をして，「はい」と答えた項目に名前を書き入れる。何人もと繰り返す。
・全員で集まり，欄を埋める。
・気づきや感想を話し合う。

出典
・服部ゆかり「友達発見」國分康孝監修『エンカウンターで学級が変わる Part2 小学校編』図書文化

ねらい
●友達とお互いの情報を交換しあい，自分にない経験など，それぞれに歴史や生き方が違うという新しい発見をして，親近感を高める。
●日常あまり話したことのない友達とも，交流を深める。

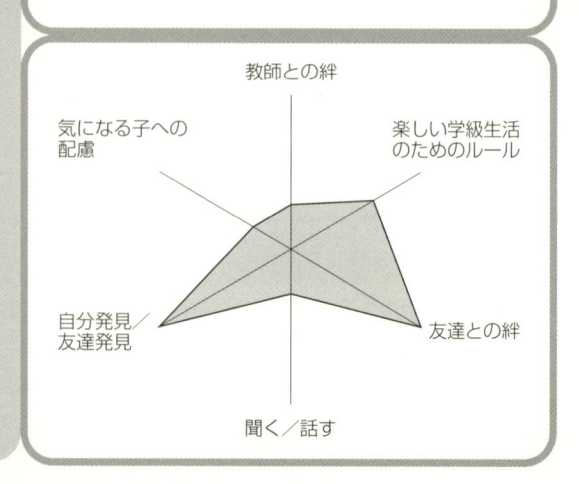

低　中　高

レーダーチャート：教師との絆／楽しい学級生活のためのルール／友達との絆／聞く／話す／自分発見／友達発見／気になる子への配慮

140

展開例 （5年生）

	教師のセリフ（★），指示（●）	児童のつぶやき（☆），留意点（・）
ねらい	★新しい学年が始まって1カ月半。お友達のことがだいぶわかってきたでしょう。今日はお友達の思いがけない面を発見して楽しみましょう。ふだんあまり話さない人とも交わってみましょう。 ●机を寄せて広い空間をつくる。「ねらい・やり方・質問事項・感想欄」が書かれたプリントと筆記用具を持たせて集める。	☆○○さんとあまり話したことないな。
説明	★これからやる「探偵ごっこ」は，プリントに書いてある項目に当てはまる人を，たくさん探し出すゲームです。 ★まず近くの人と2人組になり，ジャンケンをします。勝った人がさきに，上から順に質問します。相手が「はい」と答えたら，カッコの中に相手の名前を書きます。カッコの中には1人しか書けません。1人の名前は1回しか書けません。人に聞いて書いたり，教えたりしてはいけません。 ★次に負けた人が同じように上から質問します。終わったら「さようなら」をして，新しい相手と同じことを繰り返します。	☆水泳で200メートル泳げる人は知ってるな。 ☆○○さんはピアノが上手だから……。 ・ルールをしっかり理解させる。
活動	★やり方で質問はありますか。できるだけたくさんの人を見つけてください。時間は10分間です。よーい，スタート！ ●相手が見つからずにいる人同士をペアにして，活動を支援する。児童数が奇数の場合は，計時をタイマーで行い，教師も混ざる。 ●カッコ欄が7～8割程度埋まるよう，数分間延長してもよい。 ★さあ，時間です。全部書かなくてもいいですよ。やめて座ってください。何人探せましたか。聞いてみましょう。 ●たくさん埋まった人から順に挙手させ，それぞれのがんばりを賞賛していく。 ●質問事項の1から順に，該当する子どもに挙手をさせ，複数人いることを確認する。その際，全員がどこかに該当することも確認する。	☆え，1，2，3みんな「いいえ」なの？ 4でやっと「はい」か。 ☆へえ，○○君は自分でうわばきを洗ってるんだ。すごい，偉いなあ。 ☆だれとやればいいのかなあ。あっ，先生が来てくれた。 ☆□□ちゃんはこの前ハワイに行ったんだね。10に書けるぞ。よし，次は△△ちゃんとやろう。 ・連帯感をもたせたり，空欄だったところを埋めさせて満足感を味わわせたりする。
まとめ	★初めて知ったり，意外だったり，驚いたりしたのはだれのことですか。発表してください。 ★「探偵ごっこ」はどうでしたか。感想を聞かせてください。 ★では一人一人，今日の気づきや感想を書きましょう。 ★クラスの中には，思いがけない面をもった友達がいましたね。○○君のうわばき洗いには驚いたし，見直してしまいました。今日は友達の新しい発見をすることができましたね。ふだんあまり話さない人とも話すことができてその人のことが少しわかってきたことでしょう。これからもいろいろな人と話して，友達の新しい発見を増やしましょう。	☆おとなしいと思っていた○○さんが，3年生のとき，隣の県に住むおじいちゃんのうちに1人で行ったことがあると聞いて，しっかりしているんだなと思いました。

運動会でのがんばりをみんなのものに

平尾　文子

5月後半　お互いを認め合おう

ふりかえりカード
名前（　　　　　　）

1. 運動会のビデオは楽しかったですか。
   とても楽しかった　楽しかった　あまり楽しくなかった　楽しくなかった
2. 友達のがんばったところを見つけることができましたか。
   よくできた　できた　あまりできなかった　できなかった
3. ビデオ以外でも友達のよいところやがんばったところを見つけることができましたか。
   よくできた　できた　あまりできなかった　できなかった
4. 自分のよいところやがんばったところを見つけることができましたか。
   よくできた　できた　あまりできなかった　できなかった
5. 自分や友達ががんばったことを聞いて、いまどのように思ったり感じたりしましたか。そのほか気づいたところがあれば書いてください。

（吹き出し）運動会のビデオを見て、心に残っていることを教えてください

（吹き出し）エへへ…

（吹き出し）山田君が組体操で土台のみんなをはげましてくれましたそれでぼくもがんばれました

時間・場所
・運動会終了後の学活，45分，教室

準備
・運動会の様子をビデオ録りしておく。
・机やいすを端に寄せ，円になって座る。
・振り返り用紙，筆記用具

流れ
・運動会のビデオをみんなで見て運動会を思い出す。
・友達ががんばっていたことを順番に伝え合う。
・自分でがんばったことや，うれしかったことを順番に語る。
・今日語り合って感じたことを述べる。

ねらい
● 自分や友達のがんばりやよいところを認め合えるクラスをつくる。
● ひとつの行事を通して，人によっていろいろな思いがあることを理解して共有する。
● 心を開いて気持ちを語り合えるようになる。

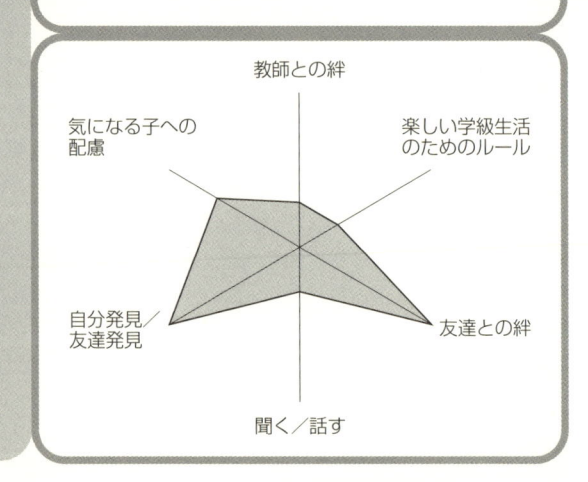

低／中／**高**

（レーダーチャート）
- 教師との絆
- 楽しい学級生活のためのルール
- 友達との絆
- 聞く／話す
- 自分発見／友達発見
- 気になる子への配慮

展開例 （6年生）

	教師のセリフ（★），指示（●）	児童のつぶやき（☆），留意点（・）
ね ら い	★6年生にとって小学校最後の運動会が終わりました。みんな競技の種目も，最高学年としての係活動もがんばってきましたね。今日は，自分たちが運動会でがんばってきたこと，クラスの友達ががんばっていたことについて，どんな場面でどのようにがんばってきたか語り合って，お互いのがんばりを認め合いたいと思います。	☆リレーがんばったよ。 ☆がんばったことなんてわかんないよ。
説 明	★これから運動会のビデオを見ます。運動会当日を思い出しながら，自分だけでなく，友達がどんなことをがんばっていたかを発見できるように見てください。ビデオに映っているのは運動会のほんの一部ですね。そのとき自分やクラスの友達はどうしていたか，競技に出ているときだけでなく，どんな場面でどんなことをがんばってきたのか思い出しながら見てください。 ●6年生の競技種目の場面だけでなく，係活動でがんばっていた場面も映るようにする。	☆映っているかな。恥ずかしいよお。 ☆見ながら自分が出てきたことをアピールしたり，友達が映っていることを語り合う。 ☆そうだ，○○のところで△△の仕事をしていたんだっけ。
活 動	★ビデオはここまでです。運動会ってほんとうにいろいろなことがあったんですね。では心に残っている，自分の知っている運動会を，みんなで教え合いたいと思います。練習開始から，練習中，当日の中でどんな場面でもいいです。「○○さんがこんなことがんばっていたよ。できるようになったよ」ということを，みんなに教えてあげてください。そして「私は△△と感じました」「□□に思います」と，自分の気持ちもひとことたしてください。特に「みんなは知らないだろうけど，私は見てたよ。知ってたよ」ということは，どんどん発表してあげてください。 ★まず先生が見本をやってみますね。先生が言いたいのは……。 ★では○○さんからみんなに教えてあげましょう。 ●一人一人の発見を大切に聞いてあげる。どんな気持ちを語っても，気持ちを言葉にできたことに共感してあげる。 ★今度は，自分ががんばったこと，うれしかったことなどを1人ずつ発表してください。 ●「ない」と言う子に強制せず，「友達の発表を聞いて，思い出したら言ってね」「次は何か見つかるといいね」「友達にはほめてもらってよかったね」と，最後にもう一度聞いてあげる。	☆用具係をがんばっていたよ。 ☆学年種目のとき，できるようになるまで休み時間に練習していたよ。心の中でがんばれって応援したよ。 ☆○○さんができるようになるまで，毎日教えていたよ。 ☆組体操の土台になっていたよ。 ☆当番活動を代わってもらった。 ☆低学年のお世話をしていた。 ☆○○なことができるようになった。自分でもよくがんばれたなって思うんだ。
ま と め	★自分や友達ががんばったことを聞いて，いまどのように思ったり感じたりしていますか。だれか発表してください。 ★今日は友達や自分のがんばったことを発表してもらいました。話を聞くと友達の新しい面も発見できたと思います。これからも友達ががんばったところをもっと発見し，自分ががんばったことを語って，お互いにがんばりやよいところを認め合えるようになるといいですね。	・振り返り用紙を使ってもよい。 ☆友達にほめてもらってうれしかった。見ていた人がいてうれしかった。 ☆みんなに言えてすっきりした。

男性・女性のよさを再発見しよう

金井　勝代

5月後半
お互いを認め合おう

フロア用ワークシート
生まれかわるのなら　男派？　女派？

年　組　名前＿＿＿＿＿＿

1. 初めの意見：私は生まれか変わるなら［男・女］派です。
2. 議論を聞いて再発見した男性のよさ・女性のよさ，説得力を感じたことを書きましょう。

   男性についての再発見

   女性についての再発見

3. 意見を言っている友達の様子を見て，よかったこと，感じたことを書いてください。「だれだれ」が「○○している」のを見て「□□と思った」というふうに。

4. さて，あなたなら，今日はどっちに軍配をあげますか？

（吹き出し）
- 男の方が，スポーツの記録がいい！
- 女はお化粧できて変身を楽しめます
- そうだなぁ
- どっちもいいね
- 走るのが速い女子もいるよね

時間・場所
・学活，40分，教室

準備
・ワークシート，振り返り用紙
・生まれ変わるなら「男性がいいと思う点」「女性がいいと思う点」と理由をメモする。

流れ
・男性派と女性派の代表が前に出て討論する。①双方の主張，②主張を聞いたうえで作戦会議，③反論やいっそうの説得力ある主張。
・討論を聞いたフロア役の子どもが，①男性と女性についての再発見したこと，②討論している児童のよかったことを発表する。
・フロア役の子どもが判定する。
・感じたことを振り返り，発表する。

ねらい
●男性，女性，お互いの特性やよさを認め合い，性別にかかわらず，人間として自分らしく生きていくことを考える。
●男女の別なく，お互いに自分の意見を自由に述べ合い，クラスの結束を高める。

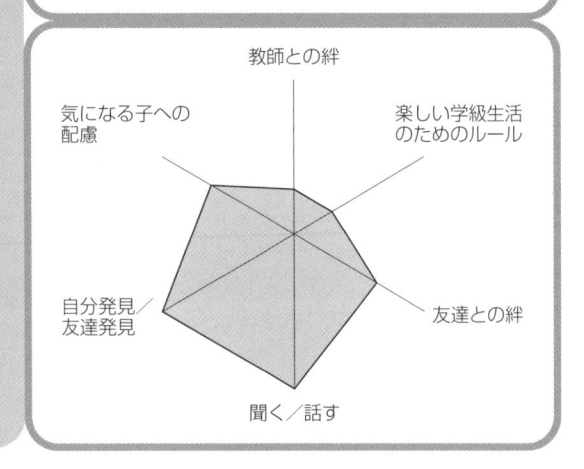

低／中／高

（レーダーチャート：教師との絆／楽しい学級生活のためのルール／友達との絆／聞く・話す／自分発見・友達発見／気になる子への配慮）

展開例 （5年生）

	教師のセリフ（★），指示（●）	児童のつぶやき（☆），留意点（・）
ねらい	★新しいクラスになってそろそろ2カ月です。どんな友達がいるかだんだんわかってきたことと思います。今日は，友達の意見に耳を傾け，男女にとらわれない友達のよさを再発見したいと思います。また，何でも言える学級にしたいと思いますので，自分の考えを恥ずかしがらずに言ってください。	・今日の論題のアンケートを用意しておく。
説明	★今日はディベート「生まれ変わるとしたら，男性がいいか，女性がいいか」をします。自分の考えで「男性がいい派」「女性がいい派」に分かれて，代表者が前で討論します。討論する人以外の人は，フロアで審判役・再発見役をやってもらいます。 ●性別にこだわらず，自分が発言しやすいほうにさせる。 ★討論者はグループの中で役割を分担してください。「自分たちの意見を代表して言う人」「相手に反対の意見を出す人」「相手の反対の意見に答える人」「最後にまとめの意見を言う人」。ただしこの役割分担は中心になってがんばる人という意味です。役割以外のことにも意見を言ったり，役割の人を助けたりして，グループで協力しあい，できる人が発言しましょう。 ★討論しない人の中から，司会，記録（板書する人），フロアの人（審判・再発見後）の役割を決めてください。	☆絶対男だよ。 ☆女もいいな。 ［司会／討論者／討論者／フロアの子ども］
活動	●司会役に進行を任せ，子どもたちの表情を見ながら支援する。 ☆では議論を始めます。「生まれ変わったら男がいい派」の意見を発表してください。 ●事前のメモを生かし，できるだけ多くの子どもに話をさせる。 ★「生まれ変わったら女がいい派」の意見を発表してください。 ★作戦タイムをとります。相談して，反論やいっそう説得力のある意見を考えましょう。その後「意見交換」をします。 ★作戦タイムをもとに，お互いの派から「意見交換」をします。 ★討論を終了します。ではフロアの出番です。フロアの人は，「男性のいいところ」「女性のいいところ」について討論を聞いて再発見したことを発表してください。 ★今度は，意見を言っているときの友達の様子を見ていて感じたこと，よかったことを発表してください。 ★では最後です，フロアの人は判定をしてください。	［男がいい派の意見］ ☆力がある。職業が幅広い。スポーツの記録がいい。 ［女がいい派の意見］ ☆化粧や服で変身が楽しめる。子どもが産める。子どもとコミュニケーションが上手。 ［意見交換］ ☆女も体力がある。男もファッションが楽しめる。子どもも男がいなければ産めない。男は子どもといる時間が少ないから，コミュニケーションとりにくい。子どもを思う気持ちは同じだよ。
まとめ	★今日の感想を振り返り用紙に書いてみましょう。 ★だれか発表してください。 ★「○○さんのやさしさが伝わった」「男女のホンネを聞けてよかった」など，再発見ができてよかったですね。これからも男女協力しあって，何でも言い合える学級をつくっていきましょう。	☆男には男のよさが，女には女のよさがあるんだ。 ☆お互いのよさを認め合って，生活しよう。

chapter 5

第5章

本プログラムを生かした実践記録

1年生　子どもの心を見逃さないように

2年生　「今日も来てよかった！」笑顔あふれる学級づくり

3年生　次へつなげるスタートダッシュ！

4年生　意図的・計画的に続けることが子どもたちを育てる

5年生　案ずるよりもまずは実践

6年生　上級生としての姿と不安な気持ち

私のスタートダッシュ

1年生

子どもの心を見逃さないように

子どもたち一人一人を見つめ続け、さまざまな出来事に合わせた活動を、各教科内容とも連携させながら地道に行っていく。こうした毎日の積み重ねが、少しずつ子どもの成長の支えになっていくのではないでしょうか。

井上　久代
千葉市立真砂第一小学校

子どもたちとの出会い

一年生を受けもつことになり、三月末から入学準備を始めました。教科書などの配布物、教室や式場の確認をしていても、「どんな子かな」と入学生名簿を見ながら期待と不安の入り交じったときを過ごしました。入学を待つ子どもや保護者も、同じ気持ちだったでしょう。この年の入学式は土曜日で、父母のほか祖父母の方も多く出席していました。子どもたちの中には髪や爪を染めた子もいて、少子化や価値観の多様化がうかがえます。それまでは印刷物やゴム印の名前からするだけだった子が、入学式で呼名した瞬間から、生きた人間として私の目の前にいます。「はい」というかわいい返事。緊張のなかにも希望に満ちた瞳。明日からの学校生活が、楽しく実りあるものになるよう最善を尽くそうと思いました。入学したばかりの子どもたちは、「先生、早く勉強しようよ」と意欲に燃えています。同時に、学校生活に対しての不安や緊張も大きいものです。そこで緊張を取り除き、楽しくなるような活動を取り入れました。

自己紹介、朝の会や帰りの会の司会

まずは自己紹介で、名前、出身の幼稚園や保育所の名と好きな食べ物を友達に話しました。教科書の「おはようあくしゅ」の歌に合わせて友達と握手したり「かごめ、かごめ」などの遊びをしました。グループづくりで男子だけ、女子だけとでも手がつなげるようにしました。鬼になった子には「後ろの正面だあれ」で目をつぶって頭や顔を触って当てさせました。触られた子はくすぐったそうな、でもうれしそうな顔をしていました。ほかにも「ぞうさんのさんぽ」の曲に合わせて二人で踊るなど、身体表現を多く取り入れました。体育では、動きが大きく楽しい「猛獣狩りに行こうよ」など、組になるゲームでメンバーの固定化を防ぎ、三人組ができたときは「木とリス」を行いました。初めは「どうしても

歌で仲よし、音楽・体育

教科書の「おはようあくしゅ」の歌に合わせて友達と握手したり「かごめ、かごめ」などの遊びをしました。グループづくりで男子だけ、女子だけとでも手がつなげるようにしました。鬼になった子には「後ろの正面だあれ」で目をつぶって頭や顔を触って当てさせました。触られた子はくすぐったそうな、でもうれしそうな顔をしていました。ほかにも「ぞうさんのさんぽ」の曲に合わせて二人で踊るなど、身体表現を多く取り入れました。体育では、動きが大きく楽しい「猛獣狩りに行こうよ」など、組になるゲームでメンバーの固定化を防ぎ、三人組ができたときは「木とリス」を行いました。初めは「どうしても

す。元気に言えたらほめ、声が小さくても最後まで言えたらほめます。言い終えた後は、どの子も満足そうな顔で席に戻ります。朝の会や帰りの会の司会は、号令をかけたり指名をしたりできるので、子どもたちは大好きです。この時期に「〜です」「〜しました」と言えるよう指導します。「おしっこ」といった単語だけでは会話が通じないこともあわせて理解させ、「トイレに行って来ます」と文として言えるように教えていきました。

「リスになりたい」と言う子や、仲のよい子同士で木をつくりたがる子がいて、なかなかうまくいきません。しかし繰り返し行ううち、木を探しているリスの子に「ここ、ここ」と教えてあげたり、大嵐ではすぐ近くのだれとでも組めるようになってきました。

仲よくなる方法を教える

入学後しばらくして、「先生、私たちが何もしていないのにA君がたたいた」とか「A君が鉛筆を取った」と訴えてくる子がいました。A君に事実を正し注意すると悔しそうです。その後も同じようなことが繰り返されたので観察していると、A君は関心がある子、仲よくなりたい子に「ちょっかい」を出しているようでした。そこで、仲間に入るには相手をまっすぐ見る、ニコニコして近づく、「いーれて」「遊ぼう」などの言葉をかけるとよいことを、「お芝居ごっこ」として取り上げました。クラスの子たちも乱暴だと思っていたA君の気持ちを理解することができ、一緒に遊べるようになってきました。

Bさんはときどき「うわぁ～」と大きな声で泣きます。「悪口を言われたから」とBさんが強い口調で友達を責めると、ほかの子たちがいっせいに「Bさんだってやっていたよ」などと非難したので、また大声で泣きました。Cさんは話し合いで自分の意見が通らないと、泣いたりその場を離れたりします。そんなときうれしくなる言葉・悲しくなる言葉を考えさせ、少人数では「上手な話し合いの方法」を教えることでお互いの気持ちを理解してもらうことや、自分の思いをわかってもらう話し方などの方法を、その都度教えてきました。個別には怒りの感情の上手な鎮め方や、自分の思いをわかってもらう上手な話し方などの方法を、その都度教えてきました。

言葉で伝える方法

国語科「お話の木」の発展として、自分が知っている昔話や童話を、グループごとに友達に話す活動をしました。家で練習してくるなど意欲的に取り組み、「～だったのです」と友達の顔を見ながら上手に話します。聞くほうも話すほうもニコニコしていました。

また、「はなしたいな、ききたいな」の発展として、休日の体験をみんなに話す活動をしました。いつ・どこで・だれと・何をしてどう思ったかをメモしてきて話しました。しかし自分が話し終わると、ほかの子には無関心です。そこで「お休みの日の秘密」を、クイズ形式でグループごとに出し合いました。自分しか知らない問題なので、ちょっと得意気に話しますし、聞くほうも正解しようと真剣に聞くことができました。

一年生の成長には目を見張ります。入学後二カ月でひらがなを使って自分の思いを書くようになりました。友達とも「相手」を考えて話せるようになりました。「～です」「～してください」と話せるように、「相手」を考えて行動するようになってきました。それでも、わがままな言動や友達とのトラブルは起こり、学習面の個人差も頭の痛いところです。保護者やほかの職員と連絡を取り合い、学校生活が楽しくなるよう努力する毎日です。

保護者会で

子どもたちが入学前に通っていた幼稚園や保育所が複数あったので、出身が異なる子と仲よくなるのに時間がかかりました。まして保護者同士が親しくなるのはなかなかむずかしく、「意地悪をされているらしい」子の母親から「一人だけ違う幼稚園なので親しい人がいない。親同士が親しくなる方法はないか」という相談を受けました。

そこで初めての保護者会では、まず「握手をしながら自己紹介」でお互い話をしてもらってから、子どもたちが楽しんでいる「木とリス」を行いました。その後にそこでできたグループで、話し合いに移りました。終わった後「いろいろな方とお話しできてよかった」「自然に話せた」などの感想を聞くことができました。

私のスタートダッシュ

2年生

「今日も来てよかった！」笑顔あふれる学級づくり

自分を知り、友達を知り、家族を知り、地域を知る。学級が子どもたちの世界を広げる出発点になれば、また明日も学校に来たくなる！
２年生の心を育てる積極的な取組みがたくさんあることを紹介します。

上村　知子
千葉市立鶴沢小学校

子どもたちは昨年と同じメンバーで、担任の私だけが新しく仲間入り。子どもの気持ちや実態を尊重しつつ、私のもち味を生かす学級経営をするためにどうしたらいいかを考えながら、新任地での生活が始まりました。

まずは最初に流れをつくる

どの子も素直で、人の話をよく聞きます。指示されたこともすぐに行動に移してスムーズにこなせます。けれどやや自分らしさに欠け、新しいものへのチャレンジを好みません。そこで、子ども一人一人が自分自身と向かい合って自分という存在を見つめ直したり、自己表現をしたりする場面を多くもつことに

よって自己理解を深め、他者理解にも広げていきたいと考えました。

朝の会や帰りの会で

朝は「今日の話」と題して、テーマに基づいた日直によるスピーチとそれに対する質問コーナーを設けました。友達の考えを知り、自分の考えとの違いを知るためです。
帰りの「今日のドキドキワクワク」コーナーでは、生活班（四人）から一人ずつ、一日のなかで印象に残った出来事を話すことにしました。「一日のなかで」と限定することで、子どもたちは一日を意識して過ごさなければならず、「自分なりのときめきを見つけなければ」という緊張感をもって生活するようにならなければ

なりました。「ほめほめタイム」のコーナーでは、友達のよいところを探して、「○○さんがこんなことをしてくれてうれしかった」「△△君が〜をしていて偉いと思った」などとクラスで紹介し、認め合いました。

口にしない三カ条

言われても自分では解決できないことは多くあります。そこで①身体上のマイナス面、②家族の悪口、③お金の問題、の三つについては口にしないことを、学級のみんなで約束しました。友達同士で言い争いになると「デブ」「チビ」「バカ」などの言葉が飛び交うことがありますが、そのようなことを言われて喜ぶ人はいません。どんなときでも「つい言ってしまった」ということがないように、子どもたちの日常会話をよく聞き、問題だと感じたときにはその都度指導をしています。

きまりごとのわけを知る

廊下や通学路の歩き方、身体測定や各種検診の受け方、地震や火災の避難の仕方などと、学期始めには「こんなときはこうする」という共通のきまりを理解しなければなりません。きまりだから守るというのではなく、「なぜそうするのか」「なぜそうしてはいけないのか」を、納得できるまで説明することで、子どもたちは自分たちの問題としてとらえら

れるようになってきています。

給食の好き嫌い

食べ物の好き嫌いや食べ残しの多い子どもたち。そこで、「このおかずにはこんな栄養があって、食べるとこんないいことがあるよ」と、食べ物の効果をわかりやすく説明したり、子どもが食べられるようになったときは「すごい。これで○○ができるようになるね」とほめたりしています。栄養士の先生や調理員の方々も、積極的に子どもたちのがんばりを認めてくださるので、給食を残さずに食べるようになってきました。

子どもや保護者との心と心の結びつき

学校便りや連絡帳では伝えきれないことや、学校での子どもの様子を伝えるために始めたのが、学級通信「あなたへのメッセージ」。子どもたちのよいところを中心に、いま学級で問題になっていることや、連絡帳に書いたことの補足説明などを書いています。このメッセージを媒介にして親子の会話がふくらんできたという、うれしい声も聞かれるようになりました。

また、学校を欠席した子への電話連絡を密にしたり、今日の出来事や学習内容・連絡などを書いたメッセージカードを届けたりしているのが、生活科「わくわくたんけんたい」という町探検の学習です。いままでふれたことのない町の人たちのあたたかさや知恵、苦労、工夫などを知り、これから地域の人たちとどうかかわっていけばよいかを考えました。学んだことは友達や一年生、家の人たちにも伝え、地域について一緒に考え直しました。なかにはさっそく行動に移す家庭も出てきました。今後も保護者と共に考えたり活動したりする場を多く設け、学びを生活に生かしたいと思います。

明日も絶対に来るからね

「あのとき、○○君はあんなことを言ってくれたよね」「△△さんのこの表現がとても素敵だよね」そんな子どもたち一人一人のよさは、だれよりも教師自身が熟知していなければなりません。悪いところは見なくても見えてしまいますが、よいところは見ようとしなければ見えないことも多いのです。子どもたちのよさをどこで見取り、どこで生かして、どう最大限に発揮させられるか、教師の腕の見せどころといえるでしょう。

これからも、「今日も来てよかったな」「明日も絶対に来るからね」と、そんな子どもたちの笑顔あふれる学級づくりをめざして、がんばっていきたいと思います。

自分らしさを伝えるために

いまの子どもたちは、思いや気持ちが先行して、言葉が追いつかないことが多いので「僕が言いたかったのはそれなんだ」と言い出すこともしばしばです。そこで自分が考えたことを頭の中できちんと整理し、文章表現できるように、ものの見方や考え方、自分にしか書けない作文の書き方のコツを教えました。また、国語・生活や音楽を中心に、友達の発表（考え）のよいところをたくさん見つけて、それらを自分の学習にも取り入れ生かせる子どもたちを育てたいと思います。

学びを生活に生かすために

生活科の学習や学校行事においては、他学年とのかかわりが多くあります。「学校探検」「校外学習」「仲よし活動」「運動会」などで、相手が喜んでくれる接し方、問題が生じたときの対応の仕方、二年生としていまの自分ができることは何かを考えてから、行動するという習慣を身につけさせています。

それらを実践で生かしたのが、生活科「わ

私のスタートダッシュ

3年生

次へつなげるスタートダッシュ！

出会いの演出、毎日継続できるショートエクササイズ、だれもがなじみやすいジャンケンゲーム、相手の気持ちを理解するロールプレイング……。学級のさまざまな場面に合わせた手法を活用し、次なる目標へつなげよう。

高橋　章
千葉市立高浜第一小学校

何を願い、どんなところに目を向けるか

私が受けもったのは、転入生が数名入った、クラス替えをした後の学級でした。仲がよい友達関係は少なく、数人ずつがグループになって固まっており、また、孤立している子も何人かいる状態でした。

学年が始まるにあたって、まず私が願ったことは、

・子ども同士や子どもと教師のふれあいが自然に行われること
・話し合いができ、助け合えること
・ルールが守られること

といったことでした。

出会いよければすべてよし

出会いはとても大切です。教室に入って、まず私は「心をつなぐキャッチボール」をやりました。手のひらを上に向けて、子どもたちに「この手のひらに何が見えますか？」と尋ねます。するとたいてい「何も見えない」「空気」という答えが返ってきます。今度は野球のボールのような大きさを手で示し、手の上で遊ぶ動作をします。先生の動作を見て、何を持っているか当ててください。「これは心で見える物です。」「わかった。ボールだ」「そうです。よくわかりましたね。うれしいなあ。すばらしい心の目をしてますね。これは心で見るボールです。このボールは一つですが、投げるといくつにも分かれてみんなに届きます」と言って何回かキャッチボールをした後、自分の伝えたいメッセージを声に出し、見えないボールに託しながらキャッチボールをします。このエクササイズは、三年生くらいであれば、私に集中して目を向け、耳を傾け、確実に言いたいことが伝わるのでくやる方法です。親しみやすく面白い先生だという印象を与えるのに効果的です。

学級づくりのエクササイズ

翌日からは、いろいろな「ジャンケン」や「サイモン・セズ」といった短時間の集団活動をしました。親しさを培うとともに、教師の指示をよく聞くようにすることが目的です。日直が私の代わりをやれるようになると、リーダーとしての役割も期待できます。

また、一対一で話をしたり聞いたりできるようにするため、「ひとことキャッチボール」も行いました。「今日見たこと」など簡単な題材を、隣同士の二人組でキャッチボールピーチした後、四人組になって相手の言ったことをほかの二人に紹介します。これを朝の会などに二〜三分くらいで行い、慣れてきたら感想もひとこと言うようにします。これをほぼ毎日行った結果、かなりの子が自分のこ

第5章 本プログラムを生かした実践記録

とを グループ内で話せるようになり、また、人の話を聞く訓練にもなりました。

四月前半、一時間かけて「自己紹介ゲーム」を行いました。子どもたちがもっている共通の興味を見つけ合ったり、ある子のことをクイズ形式にしたりするとのりがよいので、おすすめします。

五月、自分の所属感を確かめるのに役立てたのは「グループジャンケン」「聖徳太子ゲーム」です。特にグループで行うジャンケンには、「サッカージャンケン」、「清正ジャンケン」などさまざまな方法があって、時間、空間、構成メンバー、目的など、あらゆる条件に合わせることができます。ふだんおとなしそうな子や気弱な子が好んでやっていて、「自分が勝利に役立ってうれしい」「自分が負けても友達の活躍で勝ててうれしい」「一緒にやれるから楽しい」といった感想に心情が表れています。

子どもに合わせて

Aさんは学年始めに転校してきた女の子で、最初のあいさつから堂々としていて、やるべきことをどんどんやる、とてもエネルギッシュな印象の子でした。子どもたちからも学級委員に選ばれ、転校後の学校生活は順調にスタートしたかに見えました。ところが五月、一人で教室にいることが多くなり、話してみると転校後の積極的な態度は無理をしていたことがわかりました。また、遊びでも学習活動でも、自分の思いどおりにならないと不満を態度に表し、友達に合わせようとしない面がありました。人を手助けするときも、やってあげていることはけっこう気にしてあげているんだというふうで、友達がだんだん遠ざかるようになったのでした。

このころになると、新しいクラスの人間関係で疲れが出ている子はほかにもいました。そこで、「夢を叶える天使」をやることにしました。これは、友達の夢を知り、その夢が叶った場面を思い浮かべてグループで即興劇を演じてあげる、ロールプレイング型のエクササイズです。相手の喜びが自分の喜びとなる体験を通して、お互いによい気持ちになり、他者理解を深めることがおもな目的です。

まず少人数のグループで、一人一人が自分の夢を話します。そしてメンバーでその夢が叶った場面を考えて演出方法を話し合い、各自が役割にそって自分なりに即興で演じます。例えば「大リーグで球界ナンバー１のピッチャーからホームランを打つ」という夢をもつ子がいたとします。ほかの子はピッチャーになって打たれた悔しさを体現したり、観客として歓声とウェーブをしたり、チームメートになって祝福したりします。これらをすべて大げさに演じるのです。

エクササイズ後のシェアリングで、「自分の夢がほんとうに叶ったようでうれしかった」「夢を叶えてあげることで友達が喜ぶのを見て、やってあげてよかった」といった感想が出されました。Aさんは「人の気持ちを叶えてあげることはけっこう気持ちよかった」と話していて、その後友達との交流も徐々に回復していき、「自分勝手」という風評も徐々に聞かれなくなりました。困っている子がいるとごく自然に手助けをするようになり、頼られることも多くなって、笑顔が戻ってきました。

次へつなげるために

スタートダッシュがうまくいくと、さまざまな面でやりやすくなります。初めの願いのうち、子ども同士のふれあい、話し合い、ルールを守ることなどがかなりできるようになり、各自が居場所を得られたようです。三年生ですからにぎやかですし、けんかをすることや、羽目をはずすこともあります。また、なかなかなじめない子もいたりします。孤立する子を出さないよう、すでにできている小さなグループを生かしながら、グループの構成人数をふくらませたり、新たな友達関係をつくり上げることが次の目標になりました。さらに、一人一人のよさを見つけ、互いに認め合うことも、目標になりました。

153

私のスタートダッシュ

4年生

意図的・計画的に続けることが子どもたちを育てる

スムーズなスタートのためには、ふれあいの場を積み重ねることが大切。実態に合わせて、いろいろな視点からの活動を継続して行い、子どもたちの自己肯定感を高めることで、かかわり合う能力を身につけさせたい。

尾高　正浩
千葉市立打瀬小学校

子どもたちとの出会い

「おはようございます」。担任発表が終わり、教室に子どもたちを連れてきての第一声。返事が弱々しく、よく言えばおとなしい、言い換えれば活気がない感じでした。

このクラスは、四年生に上がる際、学校が分離して子どもたちが半分になったため、クラス編成をし直しています。何日か子どもたちと過ごして感じたのは、授業中よく話は聞いていて態度はいいけれど、発表する子は少なく、何かの実行委員などを決める際も自分からは手をあげない子が多いということでした。クラスには三年生で一緒だった子もいた。

意図的・計画的な活動を継続する

そこで、朝の会、学活や道徳の時間、総合的な学習の時間を使って、意図的・計画的に子どもたちが自分や友達のよさに気づき、互いにかかわり、よい関係ができるよう、また自分に自信がもてるように、自己肯定感を高

めることを考えました。エンカウンターは積み重ねて行うと効果があるので、左図のように計画を立て、実施しました。

【四月】
質問ジャンケン
私はわたし
フレンドチェーン
こんなクラスに（道徳）
変身ジャンケン
探偵ゲーム
誕生日チェーン
友達をもつなら（道徳）
神様ですか
タイムトラベル
友達（道徳）
他己紹介
仲間探し

【五月】
私が見ました（道徳）
ハートぴったり
新聞紙パズル
私の居場所（道徳）
Xさんからの手紙
○かな×かな
とっておきの写真（道徳）

国語タイム　1分間スピーチ・アサーショントレーニング

第5章 本プログラムを生かした実践記録

自己理解は他者とかかわることによって高まるので、自己理解と他者理解、コミュニケーション能力の向上に重点を置いて配列し、特に道徳の時間は、お互いの考えを聞き合うことを重点に行いました。すべては紹介できませんが、以下にフレンドチェーンのみ紹介したいと思います。

フレンドチェーン

このエクササイズは、クラスの友達との共通点を探し、つながりを深めるものです。ワークシートを見てわかるように、子どもたちは、自分と友達とのつながりを何でもいいから探すことになります。例えば、住んでいる町が一緒、好きな食べ物が一緒、行ったことがある場所が一緒など、何でもかまいません。そしてクラス全員の名前を入れて、大きなチェーンを作ります。子どもたちはこのエクササイズを夢中で行い、ほとんどの子が全員の名前を入れて輪を作ることができきました。このエクササイズの振り返りで、「全員の

友達と話すことができた」「いろいろな人と共通点があることがわかった」「みんながつながっていて、気持ちがよかった」など、クラスとしてのつながりを深めることができたようでした。

また、このエクササイズの前に「私はわたし」を行うと、「同じクラスにいても一人一人は違っているんだね」ということを最初にわかち合った後に、「フレンドチェーン」で「みんな一人一人違ってはいても、必ずつながっているんだね」ということに気づかせることができるので、できればセットで行うことが望ましいと思います。

道徳の時間と関連づける

学年始めは忙しく時間も限られているので、エンカウンターばかりやっているわけにはいかないのが現状です。そこで、道徳の時間と関連を図ることが大切です。エンカウンターをさきにやって道徳の時間でまとめる、道徳の時間をさきにやってから生活に生かせるようなエクササイズを行うなど、どちらの場合も子どもたちがこれからの生活、生き方に生かせるようにしたいものです。そして道徳の時間はお互いの考えを聞き合うことに重点を置くようにすると、友達の考えを尊重する態度が身につき、シェアリングにも役立てることができます。

おわりに

この計画のとおり、早い時期に朝の会、帰りの会、特活、総合、裁量、道徳の時間などをうまく使って、互いのことを知り合うエクササイズを継続することで、クラス内の人間関係をスムーズに改善することができました。エンカウンターは、自己理解、他者理解などのエクササイズを、子どもの実態に合わせて組み合わせ、継続して行うことに意味があると考えています。

私のスタートダッシュ

5年生

案ずるよりもまずは実践

関係づくりのための活動の成果が日常の学級生活のなかで生かされるようになることが願い。けれどもそのための道のりは長く遠い。日々少しずつでも活動を続けることで、自己受容感・他者受容感のある学級づくりを。

長岡　みさ
千葉市立花見川第一小学校

二つのクラスが単学級に……子どもたちとの再会

その五年生は、二年前の三年生のときに単学級となるまでは、二つのクラスに分かれていました。そして私は、そのうちの一クラスを受けもっていました。つまり半数の子どもたちとは担任として、またほかの半数の子どもたちとは、生活科や体育、音楽など、合同で行っていた教科や行事を通して、一緒に過ごした時間があったのです。

その年、担任としてすべての子に再会してみると、人数が多く単学級であるこのクラスに、子どもたちはあまりよい印象をもっていないように感じられました。クラス替えがないために、人間関係の仕切り直しができない、そんなことも関係しているようでした。

また、学級全体の雰囲気として、人数が多いために、担任や友達に対して何か主張しても自分の意見や主張が通りにくいと思っているような感じもありました。そして大勢のクラスのなかで何とか自分の意思を通すためには、大声やきつい言葉を使った話し方をすることによって一方的に自分の意思を押しつけたりするしかないと、考えているような様子もありました。

また逆に、おとなしすぎて、なかなか思うように自分の意思を伝えられない子どもたちもいました。

エンカウンターで関係づくり

まず子どもたちが自分たちのクラスを好きになるためには、自分自身のよさを認め、さらに友達のよさを認めるという、お互いの関係づくりが最も大切だと思いました。

自己理解・自己肯定を考えると、もちろんエンカウンターが有効であることは私個人の経験でも感じていたのですが、四月当初のクラスの様子を見ていると、この段階でエンカウンターを実施することに問題がないのかどうか少々不安を感じました。

また、クラスの半数の子どもたちは、以前私が二年生を受けもっていた一年間に、すでに十数種のエクササイズを経験しています。しかし残りの半数の子どもたちはまったく未経験です。その差がどの程度生じるのか、また生じた場合はどのような手だてをとればいいのか、といったようなことも、エンカウンターの導入に際して悩んだことの一つでした。

けれどもいざ実施してみると、私の心配は取り越し苦労だったようで、転入生も含めて全員が楽しく活動することができました。

そこで、少しずつクラス内の人間関係に変容をもたらすことを期待して、エンカウンターを継続的に実施していくことにしました。エンカウンターの考え方を軸にして、子ども

第5章　本プログラムを生かした実践記録

たちの関係をやわらげ、受容的な学級風土をつくり上げるとともに、エゴグラムを活用して自己理解を深め、よりよい交流の形を求めるようにしました。

握手で「さよなら」

新しい学級で私がいつも最初に実施するのは、「ジャンケン自己紹介」です。担任と子どもが握手をしてジャンケンをした後自己紹介をする、という活動を通して、担任と子どもたちとの関係づくりをめざしています。
そして、毎日全員でいっせいに「さようなら」をした後、教室の出口で児童一人一人と担任とが握手をして帰るという活動も続けています。ただ握手をするだけでなく、子どもたちの手の握り方で心の変化を感じてひとこと声をかけ、ふれあいの場にもするようにしています。

意外と知らない自分・友達

自己理解・他者理解のために行ったエクササイズは、「名刺交換」「私はだれでしょう」「仲間よ集まれ」です。
名刺やカードに書くときにあらためて「自分って？」と考えると、「意外にむずかしかった」とか、「幼稚園からずっと一緒だった友達について、いままで知らなかったことを知った」という気づきが、シェアリングの場で出ました。
また、自己理解を深めるために実施したエゴグラムによって、一人一人がまったく違う心のエネルギーバランスをもっていることや、客観的に自分自身を見つめることの面白さ、またそれに気づくことで自分を改めようとする視点が生まれました。

振り返って

四、五月のエンカウンターの経験を通して、エクササイズを実施している場では、お互いのことを考えたり、みんなで楽しんだりすることができるようになってきました。
また、「いいとこさがし」の継続版といった形で取り組んでいる振り返りカードへの記入を見ても、徐々に日常生活のいろいろな場面で、友達のよさに目を向けようとするきっかけになっているようです。
しかしふだんの学級生活のなかでは、まだトラブルも多く、エンカウンターの活動後に行った振り返りの成果が生きていない部分も多くあります。けれどもあきらめず、今後も自他共に受容できるクラスづくりを少しずつでもめざしていけたらと思います。子どもたちの実態や変容に応じて、その都度実施するエクササイズを検討し、継続していきたいと考えています。

ふれあいの深まり

最初の「ジャンケン自己紹介」で、男女を気にせずに活動できた子は少数でした。しかし一カ月ほどたって実施した「無言リレー」では、全員が輪になって手を握って座り、握られた回数を握って伝えるという活動を、男女がある程度混ざっていてもスムーズにできるようになってきました。また、「手つなぎ鬼」や「つないでつないで（円陣パス）」での話し合い活動でも少しずつ見られるようになってきています。

全員の意見で目標づくり

クラスの目標づくりを行ったときには、全員が出した目標に含まれる言葉を、すべて黒板に書き出しました。一人一人、全員の意見が生かされていると思えるような活動を通して、友達の意見をも受け入れながら考えていく方向に目を向けさせることをねらったものです。そんな受容的な子どもたちの姿が、その後の話し合い活動でも少しずつ見られるようになってきています。

は、男女関係なく声をかけ合いながら、協力しあう姿も見られるようになってきました。
さらにその活動を振り返ったときには、「失敗したときに責めてもうまくいかない。次にどうがんばればいいのかを話し合うといい」などの意見が出るようにもなりました。

私のスタートダッシュ

6年生

上級生としての姿と不安な気持ち

学校生活で多くの役割や、下級生とのかかわりも求められる6年生。最高学年らしい機敏な対応の裏にある子どもの様子、気持ちの変化を日々しっかりとつかみ、新しいことにチャレンジしたくなる学級づくりをめざす。

小林　卓
千葉市立宮崎小学校

子どもたちへの願い

六年生になって、学級増により学級再編成がありました。子どもたちは、異動してきた新しい担任や男女の転入生との出会い、進級の喜びと、安定しつつあった人間関係をまた新たにつくる不安のなかで、新しい学級をスタートさせたのでした。
スタートダッシュでは、
・先生と仲よくする
・友達と仲よくする
・自分、友達を知る
・楽しい学級にするためのルールをつくる
ことなどをめざしました。

最初の出会い

始業式には、学級活動だけでなく、六年生として初日からさまざまな作業も行わなければなりません。初めての出会いで、友達だけでなく担任のこともよくわからない、そんな不安を取り除きたいと思い、「先生ウォッチング」でクイズ形式の自己紹介をしました。意外なほどに盛り上がり、少しずつ緊張がとけてきたようでした。
「これから、このメンバーで一年間やっていきます。だれか一人いなくても、このクラスの輪がとぎれてしまいます。いまからみんなで輪をつくります」と伝え、「誕生日チェーン」を行いました。率先してかかわりをもつ子、様子を見ている子などさまざまな反応でしたが、うまく輪になりました。元気がよく、反応もいい子どもたち。これからが楽しみです。

学級づくりのスタート

ひじをついて食べる、あいさつが苦手、敬語が使えない、連絡・報告をしない、異性を呼び捨てにする、掃除が苦手、一人で話すと小さな声になる、手伝いをしない、通学帽・名札が付いてない……。少しずつ見えてくるさまざまな課題。毎日の指導の重要性を感じます。
そこで一日を振り返って、思ったこと、担任に伝えたり聞いたりしたいことなどを「心のノート（ひとこと日記）」に書いてもらうことにしました。清掃終了後の五分間で書いて提出されたものに、返事を書いて翌日の朝に返します。ノートが返されるとすぐに担任からの返事を確かめている姿が見られました。友達関係の悩み、困っていることや楽しかったことなど、児童一人一人との対話ができるようになり、「先生とビンゴ」など、担任との活動も盛り上がっています。
席替えのときには、グループで相談する機会を多くとるというねらいで「何だなんだ班

会議」や「パンを食べたのは？」といった、短い時間でできる活動を行いました。子どもたちはすぐに相談を始めて、グループの一員として活動することができました。給食の後片づけでも、グループ内で相談して、お皿やお盆などを種類ごとに分けて返すようになりました。こうして、だんだんと相談がスムーズにできるようになってきました。

お互いのことがわかり始め、生活のリズムもできてきました。担任の願いを少しずつ受けとめていく姿は、さすが六年生です。異学年交流の縦割り活動では、「震源地」「質問ジャンケン」などを行いました。しばらくすると子どもたちがリーダーになって、下級生と「何だなんだ班会議」、「パンを食べたのは？」などを進めていくようになり、「一年生がすごく喜んでくれたよ」と、うれしい思いが日記に書かれていました。

自分、友達を知ろう

注意されたことへの反発。それは、言われた内容と、自分の何がいけなかったのかがわからないために、素直に受け入れられないことからくるようです。そこで自分を振り返り、自分に気づいてほしいという願いで、「エゴグラムパターンを探せ」を行いました。心の状態を目で見えるようにしてみると、日ごろの自分を振り返りやすいようです。「もっと周りの人にやさしくしたい」と感想を述べた子もいました。努力点は自分で見つけていくようにすることが、大事なのだと思います。

また、六年生とはいえ、お互いのかかわりが少ない子どもたち。いままで同じクラスになったり、仲よしグループのようでもお互いのことはよくわかっていなかったりしていたようです。相手を大切にするためには、まず相手のことを知ることが必要です。そこで「なんでもバスケット」「探偵ごっこ」を行いました。初めて知ったことが多くて驚いたという感想が多くあり、日記に友達のよく出るようになったのもこのころでした。「いいとこさがし」で友達に認められたことが、自信につながった子も多かったようです。

楽しい学級づくりをめざして

学級の目標は「仲よく、楽しく、助け合う」に決まりました。模造紙の真ん中に学級目標を掲げたロケットを飛ばし、その周りの星に一人ずつ願いを書いて貼りました。立体にした掲示物を見て「すごいね」という男子もいました。「一年間かけてめざしていく目標です。この目標が達成する方向に向かっているか、いつも考えていくといいですね」と話しました。

そろそろ運動会。六年生は全員が係につきます。そこで一人に一枚ずつ画用紙を渡し、係名とがんばりたいことを書いて国旗のように色をぬりました。教室の中に、子どもたちの思いが詰まった万国旗ができました。

このころ行った学級の雰囲気調査では、楽しく明るいクラスと考えている子どもたちがほとんどでした。しかし、友達への信頼という面では、不安を抱えている子がまだ何人かいました。お互いのよさを認めていても、それをどう伝えたり、行動に移したらいいのかわからないようでした。

これからの課題

さまざまな活動を通して、たくましく成長しつつある子どもたちですが、自己表現に抵抗を示す子もまだ数人います。自己を表現することは、エンカウンターを生かした学活だけでなく、ふだんの教科学習のなかでも少しずつ取り組んでいき、自信をつけさせてあげることが大事だと思います。

これからの課題は、協力して何かをやり遂げた満足感を感じ、学級としてのまとまりを高めることだと考えています。「この仲間なら、何かにチャレンジしてみたい」そんな言葉が聞こえてくる学級をめざしています。

あとがき

二〇〇一年三月、図書文化の東さんより「学級づくりに日々奮闘している先生方のために役立ててもらえるような本をつくりたいですね。それも、新年度のスタート時に絞った、子どもたちの願いや期待に応えられるものを」というコンセプトが提示されました。

私たちは何度も編集会議を開き、シェアリングを十分に重ね、構想を練り上げていきました。こうして本書は出来上がりました。

四～五月の取組みや配慮事項について、本書を参考に、学年の先生方で話し合ったり校内研修会で検討してくださることを願っています。また、収録されている実践例やエクササイズをご自分の学級の実態に応じて試してくださるとうれしいです。

本書のゲラを手にしたとき、お忙しいなか私たちのためにご助言をくださる諸富先生、千葉市立桜木小学校の深山寛校長先生はじめ、ご執筆くださった千葉市内外の実践豊富な諸先生への感謝の気持ちでいっぱいになりました。この本はみなさんのご協力の賜です。

また、図書文化出版部の東則孝さんと渡辺佐恵さんから、言葉では言い尽くせないほどの献身的なご助力と励ましをいただきました。本文レイアウトや原稿整理では佐々木みきさんに、編集校正では辻由紀子さんにご尽力いただきました。心より感謝を申し上げます。

二〇〇二年二月　平田元子

■ちばエンカウンターを学ぶ会

「エンカウンターに興味をもっている先生はたくさんいますが,『やり方がわからない』『うまくいかない』という声を聞きます。一緒に勉強会をしましょう」。明里康弘先生の呼びかけに賛同した仲間で勉強会がスタート。千葉市内の小中学校教師を中心に会員は現在70名あまり。千葉大学の諸富祥彦先生をスーパーバイザーに招き,年4回の例会を実施しています。諸富先生はフットワークが軽く,エンカウンターの指導,講演,そして自らエクササイズを行うなど,例会のほかにも現場の教師に積極的にかかわってくださいます。千葉では確実にエンカウンターのすそ野が広がり,多くの教師が熱心に実践を重ねています。2000年には『エンカウンターこんなときこうする 小学校編・中学校編』を編集しました。

【連絡先】葛城中学校・植草伸之 043(227)5566　　花見川第二中学校・明里康弘 043(250)3801

■教師を支える会のご案内

教師を支える会は,教師の心を支援する有志の集まりです。小グループでのグループカウンセリング,個人カウンセリング,コンサルテーション,Eメールでの相談,電話相談,FAXでの相談など,さまざまな方法で相談を受け付けています。以下に具体的な相談方法を掲載しました(2002年2月現在)。より詳しくは,「教師を支える会」のホームページ(http://yamamon.hoops.livedoor.com/)をご覧ください。各種検索エンジンで「教師を支える会」と入力していただくとアクセスできます。

【代表】千葉大学・諸富祥彦

相談方法一覧

●教師を支える集い
　心がホッとでき,役立つ知恵も身につく教師の集い
　　開催場所:ヒューマン・ギルド　03-3235-6741
　　東京都新宿区天神町6番地Mビル
　　東西線神楽坂駅　矢来町方向出口より矢来町(右手)に徒歩3分(矢来町交番手前)
　　原則毎月1回土曜日(午前10:00～12:00)に実施(日程は上記ホームページでご確認ください)。
　　申し込み不要,直接お気軽にお越し下さい!!

●FAXでの相談
　支える会事務局　FAX:043-290-2561
　諸富が直接お返事を差し上げます。学校への出張訪問相談,校内研修での講師派遣希望もこちらへ。

●電子メールでの相談
　東京学芸大学の小林正幸先生ほか24件の方が窓口を開いてくださっています。「教師を支える会」ホームページにある受付先とアドレスをご参照ください。

●電話での相談
　T-PEC(ティーペック)
　　教職員の心と体の健康相談。ほぼ全国の教職員共済組合の会員に無料で電話相談を行っています。毎日9:00～21:00(年中無休・無料)電話番号(フリーダイヤル)は各都道府県にお問い合わせ下さい。

●個人での相談
　ちば心理教育研究所(千葉市)　　043-247-4264
　サポートテイヴコム(渋谷区)　　FAX:03-5269-1042
　知心学舎ssp(福岡県宗像市)　　0940-32-2663
　　生徒指導の技術,研究会・グループエンカウンターのスーパーバイザー,講義・講演の講師などもあり。
　ヒューマンギルド(新宿区)　　03-3235-6741
　カウンセリングプレイスジョイン(台東区)
　　http://www.cp-join.com/
　人間舎(千葉県市川市)　　047-300-8745
　藤見幸雄　臨床心理士(東京都)　　※有料
　　TEL&FAX:03-5814-1853
　青木聡・大正大学専任講師(東京都)　　※有料
　　TEL&FAX:03-5748-5020

※このほか全国約70名の方に相談をお願いできます。
　詳しくはホームページをご覧ください。

道徳と総合的学習で進める心の教育
　小学校低学年・中学年・高学年
諸富祥彦ほか編著　明治図書 2000
道徳にエンカウンターをどうに生かすかは，実践者の課題だった。エンカウンターと道徳の両方に詳しい諸富を中心に，新しい道徳の形が提案されている。

エンカウンターで進路指導が変わる
片野智治ほか編　図書文化 2001
自分で生き方を選び取ることをめざす SGE は，進路指導と最も目的が合致する。ふれあいから自己発見につながる SGE のプロセスを，指導案化している。

エンカウンターで学校を創る
國分康孝監　図書文化 2001
SGE は担任の個人的な実践から始められることが多かったが，いまや学校・学年へと広がっている。実践校での組織的な位置づけや工夫が公開されている。

実践　サイコエジュケーション
國分康孝監　図書文化 1999
武南高校の実践をもとに，高校の進路指導で「あり方生き方」を育むエクササイズ集。

クラスでできる非行予防エクササイズ
國分康孝監・押切久遠著　図書文化 2000
SGE のエクササイズや考え方を生かし，集団を対象にできる非行予防のエクササイズが提案されている。

学級崩壊　予防・回復マニュアル
河村茂雄著　図書文化 2000
SGE の哲学や理論を生かして学級集団づくりをするための考え方がまとまっている。

グループ体験による
タイプ別！学級育成プログラム
　小学校編・中学校編
河村茂雄編著　図書文化 2001
学級の子どもたちに育てたいソーシャルスキルを明確にしてプログラムづくりをするための方法と実践例が載っている。

エンカウンターによる"心の教育"
山本銀次　東海大学出版会 2001
エクササイズを作る過程もエクササイズととらえて，その方法と実際を示している。

● カウンセリングに関するもの ●

学校現場で使える
カウンセリングテクニック　上・下
諸富祥彦　誠信書房 1999
教師がすぐに役立てられる技法がまとまっている。テクニックと言っても，背景にある「つながりの中で個を育てる」思想がにじみ出ている。

学級再生のコツ
諸富祥彦編著　学習研究社 2000
学級の教育力を維持し高めるための知恵を，実践を通して紹介されている。

新しい生徒指導のコツ
諸富祥彦編著　学習研究社 2001
カウンセリングを生かした生徒指導の考え方から有効な技法までが網羅されている。

　　　　　　　　　　（以上，2002年 1 月17日現在）

■学級づくりに生かすエンカウンター・カウンセリングの本

●SGE の原理・理論・技法●

エンカウンター
國分康孝　誠信書房　1981
構成的グループエンカウンターが國分康孝により初めてまとめられた，SGE の原点。

エンカウンターとは何か
國分康孝ほか　図書文化　2000
エクササイズを実施するだけではない，エンカウンターの核心を熟練したリーダーたちが語る。

エンカウンタースキルアップ
國分康孝ほか編　図書文化　2001
リーダーの力量を高めるために，直面しやすい疑問やトラブルに一問一答で答えている。

構成的グループ・エンカウンターの原理と進め方
國分康孝・片野智治　誠信書房　2001
SGE 理論の構築に正面から取り組んだ本。実践者・リーダーが知りたいことがまとめられている。

エンカウンター・グループ
ロジャーズ著・畠瀬稔ほか訳　創元社　1982
構成，非構成を問わず，「エンカウンター」思想の源流。ロジャーズカウンセリング理論の到達点。

●SGE の研究・実践事例●

構成的グループエンカウンター
國分康孝編　誠信書房　1992
SGE が広く実践されはじめたパイオニア的な実践や研究がまとまっている。現在の各方面での実践はここにさかのぼることができる。

続・構成的グループエンカウンター
國分康孝編　誠信書房　2000
『構成的グループエンカウンター』の続編。原理・研究・実践・所感編の4部構成でボリュームの1冊。

エンカウンターこんなときこうする！
　小学校編・中学校編
諸富祥彦ほか編著　図書文化　2000
学校では，実態に合わせてどのようにエンカウンターを展開しているのか。長期に及ぶ実践の記録集。

●SGE のエクササイズ集●

教師と生徒のための人間づくり　第1～5集
國分康孝監・縫部義憲編著　瀝々社　1986～1999
本来は合宿形式だったSGEを，学校教育に合う形で実践しエクササイズ化した本。だれもがこの本を見て，自分なりに工夫を重ねていった。

エンカウンターで学級が変わる
　小学校編　Part1～3
　中学校編　Part1～3
　高等学校編
國分康孝監　図書文化　1996～1999
國分康孝の教えを受けた熟達したリーダーが中心となり，教科・学活などの時間に合わせて，だれでもできる形にまとめたエクササイズ集。

エンカウンターで学級が変わる
　ショートエクササイズ集　Part1～2
國分康孝監　図書文化　1999～2001
短時間にできるシンプルなエクササイズを選び集めたエクササイズ集。入門者にぴったりのものが多い。

構成的グループエンカウンター
ミニエクササイズ56選　小学校版
八巻寛治　明治図書　2001
構成的グループエンカウンター
ミニエクササイズ50選　中学校版
吉澤克彦編著　明治図書　2001
ワークシートを生かして短時間でできるエクササイズ集。

●さまざまな分野への応用●

エンカウンターで総合が変わる
　小学校編・中学校編
國分康孝監　図書文化　2000
「総合的な学習にSGEは最適なのではないか」との思いに応え，環境・国際理解などの分野別エクササイズと，総合の各学習過程に応じて使えるエクササイズが収録されている。

平林かおる	千葉市立院内小学校教諭
前田清枝	千葉市立作新小学校教諭
松本初代	千葉市立桜木小学校教諭
水田美智子	千葉市立宮崎小学校教諭
水野敬子	千葉市立桜木小学校教諭
三橋　勉	千葉市立轟町小学校教諭
深山　寛	千葉市立桜木小学校校長
森元久美子	千葉市立鶴沢小学校養護教諭
諸木美加	千葉市立大木戸小学校教諭
諸富祥彦	千葉大学教育学部助教授
柳澤典子	千葉市立園生小学校教諭
山宮まり子	千葉県沼南町教育委員会指導主事
山本光恵	千葉市立小倉小学校教諭

■執筆者紹介 （五十音順　2002年2月現在）

明里康弘	千葉市教育センター指導主事	小松礼子	千葉市立都賀小学校教諭
井上久代	千葉市立真砂第一小学校教諭	宍戸生美	千葉市立園生小学校教諭
今井美枝子	千葉市立打瀬小学校教諭	荘司和子	千葉市立高洲第三小学校教諭
岩瀬恵子	千葉市立宮崎小学校教諭	鈴木康子	千葉市立桜木小学校教諭
岩瀬伸子	千葉市立検見川小学校教諭	髙橋哲成	千葉市立千城台旭小学校教諭
植草伸之	千葉市立若松中学校教諭	高橋　章	千葉市立高浜第一小学校教諭
上村知子	千葉市立鶴沢小学校教諭	塚本　充	千葉市立桜木小学校教諭
大泉　勉	千葉市立高浜第三小学校教諭	角田悦子	千葉市立あすみが丘小学校教諭
小倉千惠子	千葉市立高洲第三小学校教諭	長岡みさ	千葉市立花見川第一小学校教諭
押元政房	千葉市立大椎小学校教諭	生井久恵	松戸市立上本郷小学校教諭
尾高正浩	千葉市立打瀬小学校教諭	西村幸子	千葉市立稲毛第二小学校教諭
落合光行	千葉市立幕張東小学校教諭	野口尚子	千葉市立さつきが丘東小学校教諭
加瀬和子	千葉市立作新小学校教諭	萩原美津枝	千葉市立宮崎小学校教諭
金井勝代	千葉市立真砂第三小学校教諭	長谷川けい子	千葉市立花園小学校教諭
釜井かつ子	千葉市立瑞穂小学校教諭	濱辺ますみ	千葉市立稲浜小学校教諭
川島恵子	千葉市立園生小学校教諭	樋口雅也	千葉市立院内小学校教諭
金原直美	千葉市立新宿小学校教諭	平尾文子	松戸市立上本郷小学校教諭
小林　卓	千葉市立宮崎小学校教諭	平田元子	千葉市立打瀬小学校教諭

■編集者紹介 (2002年2月現在)

諸富 祥彦　千葉大学助教授

もろとみ・よしひこ　1963年生まれ。筑波大学，同大学院博士課程修了，教育学博士。千葉大学では教育カウンセリング特論，教育カウンセリング実習などを担当。「現場教師の作戦参謀」として，抽象論ではない実際に役立つアドバイスを与えている。ちばエンカウンターを学ぶ会顧問，教師を支える会代表。『自分を好きになる子を育てる先生』(図書文化)，『学校現場で使えるカウンセリングテクニック上・下』(誠信書房)，『カウンセラーパパの子育て論』(金子書房)，『孤独であるためのレッスン』(NHKブックス)をはじめ，著書多数。
千葉大学諸富研究室　FAX 043-290-2561

明里 康弘　千葉市教育センター指導主事

あかり・やすひろ　國分康孝先生主催のSGEワークショップに毎年参加して8年がたつ。不登校の子どもたちとSGEをやってきた。どの子も変わり，自分を表現するようになっていった。私も変わった。楽になった。千葉の先生方とこの本を作る作業がとても楽しかった。感謝。

萩原美津枝　千葉市立宮崎小学校教諭

はぎわら・みつえ　「みんなで言葉のキャッチボールができるクラス」が学級経営の目標。構成的グループエンカウンターは，そのための心強い味方である。最近は「いいとこさがし」を定期的に行い，お互いの理解を深めながら，学級の居心地のよさをどの子にも感じてほしいと願っている。

平田 元子　千葉市立打瀬小学校教諭

ひらた・もとこ　エンカウンターを行うとあたたかい気持ちになる。この「いい気持ち」を，低学年のうちからたくさん味わってほしいと思う。そうすると自分に自信がつく。子どもにはいつも自分に自信をもって，ニコニコとしていてほしい。自分を好きになるエンカウンターをたくさんしていきたい。

加瀬 和子　千葉市立作新小学校教諭

かせ・かずこ　子どもの言動は，子どもの思いや願いの表れ。それを教師はどう受けとめてあげられるのか，どうすればとけ込むように子どもの心の中に入り込めるのか。構成的グループエンカウンターを取り入れて，心探しや心ほぐしをしようとする教師仲間を増やしていきたい。

高橋 章　千葉市立高浜第一小学校教諭

たかはし・あきら　自分も人との関係づくりに悩んだ時期がある。だから「年齢が上がるほど困難の度合いも高まる」と感じている人の気持ちがよくわかる。そうならないためには，小学校時代から楽しい人間関係を味わうことが大切である。SGEを通して，子どもたちに自己理解と自信，他者理解と友情をはぐくむことをめざしている。

エンカウンターで学級づくりスタートダッシュ！　小学校編

2002年 3月20日　初版第 1刷発行 ［検印省略］
2009年12月20日　初版第 7刷発行

Ⓒ編集者　　諸富祥彦　　明里康弘　　萩原美津枝
　　　　　　平田元子　　加瀬和子　　高橋章
　発行人　　村主典英
　発行所　　株式会社図書文化社
　　　　　　〒112-0012　東京都文京区大塚3-2-1
　　　　　　TEL.03-3943-2511　FAX.03-3943-2519
　　　　　　振替　00160-7-67697
　　　　　　http://www.toshobunka.co.jp/
　イラスト　鈴木真司
　装　幀　　田口茂文
　印刷所　　株式会社加藤文明社
　製本所　　株式会社駒崎製本所

乱丁・落丁本の場合はお取り替えいたします。
定価はカバーに表示してあります。
ISBN 978-4-8100-1364-1 C 3337

構成的グループエンカウンターの本

必読の基本図書

教師のためのエンカウンター入門
片野智治著　　A5判　**本体**：1,000円＋税

構成的グループエンカウンター事典
國分康孝・國分久子総編集　A5判　**本体**：6,000円＋税
学校を中心に30年に及ぶ実践の全ノウハウを集大成

自分と向き合う！究極のエンカウンター
國分康孝リーダーによる2泊3日の合宿体験
國分康孝・國分久子編著　B6判　**本体**：1,800円＋税

エンカウンターとは何か　教師が学校で生かすために
國分康孝ほか共著　B6判　**本体**：1,600円＋税

エンカウンター スキルアップ　ホンネで語る「リーダーブック」
國分康孝ほか編　B6判　**本体**：1,800円＋税

エンカウンターで学校を創る
國分康孝監修　B5判　**本体**：2,600円＋税

目的に応じたエンカウンターの活用

エンカウンターで進路指導が変わる
片野智治編集代表　B5判　**本体**：2,700円＋税

エンカウンターで学級づくりスタートダッシュ！小学校編・中学校編
諸富祥彦ほか編著　B5判　**本体**：各2,300円＋税

エンカウンター　こんなときこうする！小学校編・中学校編
諸富祥彦ほか編著　B5判　**本体**：各2,000円＋税　ヒントいっぱいの実践記録集

どんな学級にも使えるエンカウンター20選・中学校
國分康孝・國分久子監修　明里康弘著　B5判　**本体**：2,000円＋税

多彩なエクササイズ集

エンカウンターで学級が変わる　小学校編　Part1～3
國分康孝監修　全3冊　B5判　**本体**：各2,500円＋税　ただしPart1のみ**本体**：2,233円＋税

エンカウンターで学級が変わる　中学校編　Part1～3
國分康孝監修　全3冊　B5判　**本体**：各2,500円＋税　ただしPart1のみ**本体**：2,233円＋税

エンカウンターで学級が変わる　高等学校編
國分康孝監修　B5判　**本体**：2,800円＋税

エンカウンターで学級が変わる　ショートエクササイズ集　Part1～2
國分康孝監修　B5判　**本体**：①2,500円＋税　②2,300円＋税

図書文化

※定価には別途消費税がかかります